考古赣榆

张小树 著

东南大学出版社
SOUTHEAST UNIVERSITY PRESS
·南京·

图书在版编目(CIP)数据

考古赣榆 / 张小树著. —南京：东南大学出版社，2023.12
ISBN 978-7-5766-1054-3

Ⅰ.①考… Ⅱ.①张… Ⅲ.①文物—考古—研究—赣榆 Ⅳ.①K872.534

中国国家版本馆 CIP 数据核字(2023)第 250664 号

责任编辑：杨　光　　责任校对：子雪莲　　封面设计：毕　真　　责任印制：周荣虎

考 古 赣 榆
KAOGU GANYU

著　　者：	张小树
出版发行：	东南大学出版社
社　　址：	南京市四牌楼 2 号　　邮编：210096
出 版 人：	白云飞
网　　址：	http://www.seupress.com
电子邮箱：	press@seupress.com
经　　销：	全国各地新华书店
印　　刷：	广东虎彩云印刷有限公司
开　　本：	710 mm×1000 mm　1/16
印　　张：	10.75
字　　数：	188 千字
版　　次：	2023 年 12 月第 1 版
印　　次：	2023 年 12 月第 1 次印刷
书　　号：	ISBN 978-7-5766-1054-3
定　　价：	58.00 元

本社图书若有印装质量问题，请直接与营销部联系。电话(传真)：025-83791830

前言

赣榆秦代置县，历史悠久，区域内文物资源较为丰富。南京博物院、江苏省考古研究所等文物机构在20世纪50年代、80年代均对赣榆开展了相应的考古调查和试掘工作。第三次全国文物普查显示，赣榆境内共有不可移动文物90余处，以新石器遗址、汉代城址和墓葬为主流。这些文化遗存为研究赣榆古代历史提供了有效的载体，也成为赣榆文化自信的历史源头。赣榆虽然经历了几次考古调查与发掘，但时代早、规模小、时间短，受诸多因素制约，有关赣榆的考古简报较少，资料难觅，令人惋惜。多年来，赣榆文物部门偶有抢救性发掘，但缺少对资料的保存与整理，无法得到有效的研究与利用，实为憾事。

2012年冬，作者参与了石桥镇石岭村汉墓的抢救性清理和石岭村周边的考古调查工作，亲身感受到了赣榆文物资源的丰富和赣榆历史的厚重。2015年，作者又参加了江苏考古研究所、连云港市博物馆和赣榆博物馆组成的联合考古工作队，开展了为期3个月的盐仓城遗址聚落考古。此次考古发掘出土了陶器、铜器、铁器、漆器等珍贵文物200余件。这些文物不但丰富了赣榆博物馆的馆藏文物数量，而且成为研究赣榆汉代政治经济、社会生活、丧葬习俗的重要实物。面对这些出土文物，内心澎湃，总感觉需要做点什么。随着时间的推移，资料的积累，系统整理赣榆多年来的考古资料，辑本小册子的想法油然而生。

近年来，党和政府非常重视考古工作，我国的考古工作进入黄金时期。习近平总书记就做好考古和历史研究工作提出"要继续探索未知、揭示本源""要做好考古成果的挖掘、整理、阐释工作""要搞好历史文化遗产保护工作""要加强考古能力建设和学科建设"四点要求，为考古工作指明了方向。文物负载着其所处时代的信息，但它们又好像是我们不会说话的朋友，需要我们深入挖掘分析，仔细研究解读。这些不会言语的朋友，能够让现代的我们了解那个时期人们的生活环境和生存状况。本书所涉及的这批文物尽管已经出土多年，但解读其中奥妙的工作进展并不顺利。本书以近年赣榆石岭汉墓发掘、盐仓城聚落考古两次较大规模的考古资料为主要依托，同时也融入了作者对赣榆文物研究以及对赣榆文化遗产保护方面的思考等相关内容。

　　本书的出版面世，既是对赣榆近15年来考古工作的一次阶段性梳理，也是践行习近平总书记对考古工作的殷殷嘱托；既是对赣榆文化研究成果的一次展示，也是对赣榆文物工作者默默耕耘的鼓励。希望它能够为社会所用，能够为促进赣榆文物事业进步、为赣榆高质量发展、为连云港申报国家历史文化名城尽绵薄之力。

目录
CONTENTS

第一章　赣榆人文地理概况　1

第二章　石岭古墓群自然状况　2
　一、地理位置与环境　2
　二、石岭古墓发掘经过　3

第三章　石岭古墓群考古调查　8
　一、调查范围　8
　二、调查成果　10
　三、调查分析　13

第四章　石岭汉墓考古发掘简报　15
　一、一号墓葬（M1）　15
　二、二号墓葬（M2）　25
　三、三号墓葬（M3）　28
　四、四号墓葬（M4）　28
　五、五号墓葬（M5）　34
　六、六号墓葬（M6）　37
　七、七号墓葬（M7）　37

第五章　石岭古墓群的保护与思考　42
　一、石岭古墓群保护　42
　二、石岭古墓群年代　45
　三、石岭古墓群墓主等级　46
　四、初识石岭古墓群　48

五、管窥赣榆汉代农业　50
　　六、赣榆汉墓与出土席镇　53
　　七、赣榆汉代砖瓦纹饰概说　57
　　八、连云港地区出土漆器综述　66

第六章　盐仓城遗址发掘与保护　72
　　一、盐仓城遗址基本概况　72
　　二、盐仓城遗址考古发掘　73
　　三、盐仓城遗址出土器物　76
　　四、盐仓城遗址保护规划　81
　　五、赣榆古县城变迁略探　82

第七章　赣榆其他地方考古发现　91
　　一、大兴庄新石器遗址　91
　　二、仲庄汉墓　92
　　三、圈洪村汉墓　93
　　四、西石沟清墓　93
　　五、大沟埃古墓　94
　　六、大站村汉墓　94
　　七、山前村汉墓　95
　　八、东河北新石器遗址　96
　　九、庄留汉井　97
　　十、赵湖汉墓　98
　　十一、前石堰村商周遗址　98

第八章　赣榆文物修复　100
　　一、石岭汉墓出土漆器修复　100
　　二、赣榆博物馆馆藏字画修复　108
　　三、崔家巷古民居修缮　122
　　四、赣马孙桥村石板桥加固　126
　　五、孙桥村石板桥年代考略　128
　　六、城头门楼河东桥修缮　132

七、门楼河东桥历史略述　133

第九章　赣榆文物保护　136

　　一、赣榆博物馆文物预防性保护　136
　　二、赣榆博物馆文物数字化保护　138
　　三、赣榆县第一次全国可移动文物普查　139
　　四、赣榆县第三次全国文物普查　144
　　五、赣榆的文物保护单位　145
　　六、赣榆文物保护单位空间治理的思考　148
　　七、赣榆考古前置现状与展望　152

附录　155

参考文献　161

后记　163

第一章

赣榆人文地理概况

赣榆是江苏的北大门，东临黄海，西连沂蒙，北通青岛。坐标东经119°18′，北纬34°50′。全区面积1 500余平方公里，耕地面积90万亩，下辖15个镇，427个行政村，总人口119万。境内有山、有海、有平原，面积各占三分之一，东有10公里黄金海岸线，西有芦山、龟山，中部是平原。年平均气温13.2摄氏度，年平均降雨量928.6毫米。赣榆"享山川之饶，受渔盐之利"千年，有"黄海明珠"之美誉。

赣榆占据海陆相连的重要地理位置，属于多种文化的交汇之地，其人文面貌具有多样性和独特性。赣榆地区早在旧石器时期就有人类活动，夏商时地属东夷，西周时为莒国，战国时先后是越、楚、齐的领地。春秋之际，孔子相鲁会齐侯于赣榆夹谷山上。秦统一六国后，置赣榆县，治设于盐仓城，属琅琊郡。传说秦始皇也曾两度到赣榆巡视，并登秦山岛，建秦东门。赣榆人徐福负始皇之命，以家乡为起点率3 000童男童女东渡出海寻找仙药，成为千古畅想。西汉时，赣榆境内置有赣榆、计斤、祝其、利城四县，分属琅琊、东海二郡。公元530年，梁武帝将赣榆县改称怀仁县，隋、唐、宋沿袭旧称，隶于海州。公元1167年，金占怀仁县后改为赣榆县，此后元、明、清均称赣榆县，先后隶属于淮安府、江苏省徐海道。

抗日战争至解放战争时期，赣榆先后隶属于山东省战时工作委员会、滨海专署。抗战胜利后，为纪念牺牲在赣榆的115师教导二旅政委符竹庭，于1945年11月26日，将赣榆县改名竹庭县。1950年10月，竹庭县复名为赣榆县，隶属于山东省临沂专署。1953年1月，赣榆县由山东省划归江苏省，隶属于徐州专署。1983年3月，江苏省撤销各专区，实行市管县行政体制，赣榆县划归连云港市。2014年7月，赣榆县撤县设区，成为连云港市市区之一。

第二章

石岭古墓群自然状况

一、地理位置与环境

石岭村隶属于石桥镇，是由小沟头和石岭两个自然村合并而成的一个行政村，位于赣榆区城北 20 公里、石桥镇驻地南 7 公里。东到国道 G204 线 6 公里、汾灌高速公路 5 公里。村间小路基本硬化，交通还算方便，但路面较窄。

石岭村的土壤主要为岭砂土，有效土层厚 30 厘米左右。表层、亚表层质地较粗，土中含有砾质，营养成分低。下层为半风化母岩，无心土发育层。土壤保水保肥性能差，缺少水源灌溉，容易干裂。土壤为酸性或微酸性土壤，土地贫瘠。该村经济发展较为滞后，人口 1 800 余人，耕地面积 2 800 多亩，主要农作物为小麦、花生和玉米等，近年黄桃种植业发展较快。

图 2.1　石岭地貌

石岭村地处丘陵地带，石英石是该村及周边村庄的主要矿产资源。石岭村石英石资源不仅储量丰富，而且石英纯度高达99%，它们是加工石英粉、开发硅产品的主要原材料。该地区的石英石矿层距离地表较浅，50～100厘米土层下就能发现矿层，通常矿层厚度为20～50厘米。石英石开采曾在石岭村周边红火一时。

二、石岭古墓发掘经过

（一）墓地概况

石岭古墓位于石岭村西南和西北两个方向，这两个方向分布着坡长较长的土墩。从地表看，部分古墓处于大土墩子的最高点。石岭村及周边几个村庄都有类似的大土墩子，其是否为人为堆砌还需进一步研究。在2012年发掘的汉墓附近，有一座古墓被破坏或盗掘，地表残留棺木、陶罐碎片，陶片为赣榆地区汉墓中常见的汉代釉陶壶碎片，因此可以判定该墓为汉代墓葬。通过对该墓周围农田地表的排查，发现在农田的排水沟里、田间小道边都有零散的青色碎砖块。这些砖块均为古代墓葬用砖，年代多为汉代，少部分为六朝时期。有些砖块风化较严重，推测已暴露于地表多年，不是新出土的墓砖。抢救性发掘期间，村里的村民还将曾经捡到的一些陶俑送给我们。

2015年，鉴于在石岭发现古代墓群，赣榆区文化广电体育局与南京博物

图2.2 地表发现的棺木残片

院合作开展聚落考古研究，共发掘了5座汉墓。南京博物院的考古专家通过研究认为，石岭及周边村庄之所以有古代墓群应该与不远处的盐仓城有关。汉代，盐仓城是赣榆县的县治，正处于最为鼎盛的时期，人口多，经济好，是全县的政治经济文化中心。石岭村周边的岭地便成为盐仓城内居民的墓地。汉时，人们讲究风水，石岭地势较高，不受水患，算得上是块风水宝地。石岭的土层内含有石英石，加之缺少水源，即使在今天也不适宜耕种。古人把这些贫瘠的岭地作为墓地，也是对土地资源的一种合理的分配利用。

（二）施工发现

石岭土地本就贫瘠，加之表层下石头较多，不长庄稼，村民们对此感到不满。伴随工业化的进步，这里的石头逐渐成为发展硅工业的好原料。20世纪90年代末，当地农民便在自家的田里挖石头销售以增加家庭收入。当时主要靠人工挖掘，非常辛苦，挖出的石头价格不高，但对于没有其他经济收入来源的部分农民来说也是一个在家门口就能够赚到钱的好门路。

进入21世纪，随着挖掘机普及和石头价格的增长，采挖石头进入机械化阶段。当地头脑灵活、胆子大、有一定经济实力的人看到了其中的商机，他们以购买农民农田的石英石开采权的方式，开始大面积采挖"石头"。在开采过程中，有人发现有的地方没有石头，是回填土，挖掘机深挖几下就带出了白膏泥、棺板或被铲碎的陶片——原来地下有古墓。早期挖到古墓，当地人都会感到不吉利，通常不会主动去破坏，遇到盆盆罐罐多是敲碎扔之，唯恐沾上晦气。

随着收藏、鉴宝等电视节目的兴起，人们逐渐认识到古墓中的东西能够获利。部分搞收藏、捣鼓古董的域内外人员在利益驱使下，向挖掘机司机或采挖老板购买信息偷挖古墓，也有挖掘机司机、采石人发现古墓后自己处理，挖得文物后转卖给文物贩子以获取利益。觉悟高的村民会上报村里或镇里，大部分村民会私自挖掘发现的古墓葬，如此行为给赣榆文物事业造成了不可估量的损失。采石高峰时期，石岭周边聚集上百台挖掘机，机声隆隆，昼夜不停。大面积的机械开采导致石岭地下文物资源面临被严重破坏的风险。

（三）抢救发掘

2012年12月，赣榆博物馆分别抢救性清理了2座汉代墓葬，均为竖穴土坑墓，第一座墓葬保存较好，为夫妻合葬墓，东西方向，有棺椁，陶器放于脚箱内，出土了釉陶壶、铜镜、带钩、五铢钱、漆木器、铁剑、粮食、云母片等文物，墓主腐朽无存。从出土文物信息判断其为西汉中期墓葬。

图 2.3　抢救性清理发现古墓葬

图 2.4　脚箱出土陶器

第二座墓葬出土了单棺，有椁，棺木腐朽严重，东西方向，椁外四周有20厘米左右宽的木炭层。脚箱位于墓葬西侧，内有3件陶壶，椁外西南角放置2件陶器。北侧棺和椁之间出土4枚铜质席镇，棺内没有任何器物，也无墓主遗留痕迹。从陶器器型判断，该墓葬为西汉早期墓葬。

图 2.5　发现谷物沉积层

2015年，针对石岭地区抢救性发掘古代墓葬以及后来的考古调查情况，连云港市赣榆区文化广电体育局与南京博物院合作实施了聚落考古项目。当年9月底，江苏省考古研究所、连云港市博物馆和赣榆博物馆组成联合考古工作队，进驻石岭村。考古领队为江苏省考古研究所副所长朱国平先生，他毕业于北京大学考古专业，主要从事商周考古研究，是国内考古界知名专家。他的助手高伟同志是中国人民大学考古专业的硕士，具有丰富的田野发掘经验。连云港市博物馆选派的朱良赛同志是山东大学考古专业的硕士。考古队的专业水平完全能够满足石岭考古发掘的需要。

考古队在石岭周边共清理墓葬5座，均为汉代竖穴土坑墓葬，包括2座夫妻合葬墓、3座单人墓，其中有一座墓为半叠压状态。5座墓葬保存状况较差，墓主腐朽无存，陪葬物品较少，出土文物有陶罐、铜镜、棺钉、漆器、黛板、泡钉、五铢钱、大泉五十钱币等。墓葬内的漆器多腐朽严重，有的仅剩漆皮，无法提取。这些墓葬均为大规模采挖石英石过程中被发现的，因此不得不开展抢救性发掘。

图 2.6 清土

图 2.7 地层

第三章

石岭古墓群考古调查

一、调查范围

鉴于石岭村连续发现古代墓葬，周边地表还残留部分墓砖、棺板，附近村民也向我们讲述了当地的一些传说故事。我们判断该地区应该还有其他古代墓葬，是一处埋藏相对比较集中的古代墓群。2012年12月23日至2013年1月11日、2013年2月28日至4月25日，赣榆博物馆委托在盱眙大云山考古勘探的专业团队对发掘古墓的地方开展了近3个月的考古勘探。

赣榆博物馆清理的汉墓位于石岭村西南约1.5公里处的农田里，钻探以此汉墓为起点向周围辐射。通过走访村民得知，石岭村及其附近几个村庄分布着大小不等的土墩子，博物馆清理的汉墓正处于一土墩子的最高处。当地民间流传"盐仓王被杀，一夜堆起18个土墩子"之说，而且20世纪50—60年代部队在土墩子上修建碉堡时挖出过古墓。这些土墩子尽管经历多年的耕种、土地平整、取土等社会生产活动，但仍然略高于周边地表。

实地勘察表明18个土墩子的传说并非空穴来风。根据现存的地貌特征，技术人员虽然没有完全找到传说中的18个土墩子，但很快确定了11个土墩子，而且有的土墩子坡长较长，具有一定的规模。土墩之间的距离远近不同，有的较近，有的相对较远。以赣榆博物馆清理汉墓的土墩子为起点，向西北方向延伸，呈无规则分布状态。墩土呈白色，混有粗砂粒，疑为墓葬封土。土墩涉及石桥镇石岭村、董沟村、于沟村、西拱齐村，以及海头镇王村等几个村庄，分布在12平方公里左右的范围内。由于勘探范围较大，普遍勘探需要投入非常多的人力、物力，所以这次勘探采取重点勘探的方式，主要对土墩及其周围开展相应考古勘探。

对土墩以外的地方则通过察看沟渠、坑壁了解土层颜色变化，判断是否有古代墓葬，也获得了不少意外发现。在路过于沟村时，我们发现有村民用汉代墓砖砌下水道，有村民介绍说整个于沟村就坐落在古墓群上。有村民得知我们是在考古勘探时告诉我们，他家在建排房挖地基时就挖出过一个洞口，没敢进去，回填了，现怀疑是古墓墓道。对于他所说的，有待进一步勘探证实。根据对地表实际情况的察看以及村民口耳相传的故事，我们断定此地是较为密集的古墓群埋藏区。

图 3.1　空墓圹

图 3.2　陶器残片

图 3.3　断层发现疑似古墓葬

图 3.4 勘探现场

二、调查成果

近 3 个月的时间里，我们共调查钻探土墩 11 个，发现古墓葬 64 座，根据勘探发现墓葬的时间先后顺序将其编号为 M1～M64。现介绍 64 座墓葬的基本情况。

M1 主墓室呈 3.8 米×3.7 米，深 3 米，封土较大并经过夯实，东面夯土 25 米，西面夯土 28 米。

M2 主墓室呈 3 米×3 米正方形，深 3.5 米。

M3 夯土呈 32 米×32 米正方形。主墓室为砖结构，呈 4 米×4 米正方形。墓道呈 2 米×2 米。墓深不一，推测可能有塌陷或已被盗掘。

M4 墓室呈 3.3 米×2.6 米。

M5、M6 两墓平行，相隔 1.7 米，均为竖穴土坑墓。M5 位于北侧，墓室呈 1.5 米×4 米，M6 墓室呈 2.1 米×4 米。

M7 距地表 0.4～1 米的深度发现青砖，为砖室墓，墓室呈 2 米×6 米。

M8、M9 两墓墓室均呈 2 米×4 米。

M10 墓室呈 2 米×3 米。

M11 墓室呈 2 米×3 米，深 5.5 米，为竖穴土坑墓。

M12 为 2 米×3 米的砖室墓。

M13、M14 两墓相距 2 米，均为竖穴土坑墓。M13 墓室呈 2 米×4 米，深 4.7 米。M14 墓室呈 2 米×3 米，深 2.7 米。

M15 墓室呈 4 米×4 米，深 4.5 米，为竖穴土坑墓。

M16 墓室呈 4 米×4 米，深 5.2 米。

M17 墓室呈 1.5 米×3 米，深 2 米，为竖穴土坑墓。

M18 为砖室墓，墓室呈 2 米×3 米，深 0.6 米。

M19 墓室呈 2 米×3 米，深 2.4 米。

M20 墓室呈 2 米×4 米，深 5 米左右，为竖穴土坑墓。

M21 墓室呈 4 米×4 米，东西走向，深 3.8 米。

M22 墓室呈 3 米×4 米，东西走向，深 3.5 米。

M23 墓室呈 4 米×4 米，东西走向。

M24 墓室呈 3 米×4 米，东西走向，深 5 米。

M25 位于 M24 北侧，两墓相距 11 米，墓室呈 3 米×4 米，东西走向，深 5 米。

M26 墓室呈 4 米×4 米，深 5 米。

M27 位于 M26 东侧，两墓相距 15 米，墓室呈 2 米×2 米，深 2.2 米，可能已被盗。

M28 位于 M27 南侧，墓室呈 2 米×2 米，深 1.5 米，为砖室墓，可能已被盗。

M29 墓室 4 米×5 米，南北走向，深 4.2 米。

M30 位于 M29 南侧，两墓相连，中间有一隔墙，不同穴，东西走向，墓室呈 4 米×5 米，深至少 6 米。

M31 位于 M30 西侧，墓室呈 2 米×4 米，南北走向，为砖室墓，深 1.8 米，可能已被盗。

M32 和 M29~M31 之间有一道田埂，M32 位于田埂南侧，东北—西南走向，为砖室墓，深 1.2 米。

M33 位于 M32 南侧，走向与 M32 一致，墓室呈 2 米×3 米，深 2.5 米。

M34~M40，7 座墓集中于一深坑内，除 M35 位于坑底深为 0.50 米外，其余墓葬墓圹痕迹坑壁上清晰可见，墓室约为 2 米×4 米，均深 3.5 米，走向不一。

M42 墓室呈 3 米×3 米,深 3 米。

M43 墓室呈 1.8 米×3 米,东西走向,深 2.5 米。

M44 墓室呈 4 米×4 米,深 4.5 米。

M45、M46、M48、M49、M50、M51 分布于同一个土墩内。M45 墓室呈 3 米×4 米,东西走向,深 3.5 米;M46 墓室呈 4 米×4 米,深 4.5 米,距离西面田埂 5 米,疑为流沙墓;M48 墓室呈 4 米×4 米,深 5.5 米,西边缘距 M46 东边缘 3 米;M49 墓室呈 3 米×4 米,东西走向,深 4.6 米,位于 M48 南侧,两墓相距 10 米,疑为流沙墓;M50 墓室呈 3 米×4 米,深 4.2 米,位于 M46 南侧,两墓相距 8 米,与 M45 相距 2 米;M51 墓室呈 3 米×4 米,东西走向。田埂西侧的小麦地由于麦苗较高,没有勘探,判断应该还有墓葬存在,推测该处土墩可能为一家族墓地。

M47 位于 M44 正北侧,两墓相距 4 米,墓室呈 4 米×4 米,深 5 米。

M52 位于 M19 南侧,两墓相距约 5 米,墓室呈 3 米×4 米,东西走向,深 2.7 米。

M53 墓室呈 3 米×4 米,3 米未见底部。

M54、M55,两墓相距 2.6 米,M54 在南侧。M54 墓室呈 2 米×4 米,东北—西南走向,深 2.2 米。M55 墓室呈 2 米×4 米,南北走向,深 2 米。

图 3.5 调查发现的最大墓葬

M56 墓室呈 4 米×4 米，深 6 米。

M57 墓室呈 2 米×3 米，南北走向，深 2 米。

M58、M59、M60、M61、M62、M63 位于一土墩内。M58 墓室呈 4 米×4 米，深 6.3 米；M59 墓室呈 4 米×4 米，深 6 米，与 M58 相距 16 米；M60 位于 M59 西 3 米处，墓室呈 4 米×4 米，深 3.5 米；M61 位于 M60 北 1.2 米处，墓室呈 3 米×4 米，东西走向，深 4.7 米；M62 位于 M59 北 6 米处，墓室呈 4 米×4 米，深 6.2 米；M63 位于 M61 北 2 米处，墓室呈 4 米×4 米，深 6.2 米。此处也应为一家族墓地。

M64 位于石岭村部正南方的深坑北面，墓室呈 4 米×4 米，深 4 米，为竖穴土坑墓。

三、调查分析

根据勘探得知，石岭古墓大部分属于西汉土坑墓。这次考古调查共发现古墓葬 64 座，其中砖室墓 14 座，其余为竖穴土坑墓。墓葬的分布特点是总体较为零散，部分较为集中，其中 2 个土墩墓葬分布密集，一个土墩有 6 座墓葬，另一个仅半个土墩就有 6 座。在半个土墩中发现的 6 座墓葬中，钻探人员初判其中 2 座疑似流沙墓。另外，M34~M40，7 座墓分布于一深坑四壁上，虽走向不一，但推测可能也是一个土墩内的家族墓葬。编号为 M3 的汉墓，夯土呈 32 米×32 米正方形，主墓室为砖结构，呈 4 米×4 米正方形，墓道呈 2 米×2 米，墓深高低不平，初判可能塌陷或已被盗掘，该墓是此次勘探发现的规模最大的一座古墓葬。编号为 M29 的汉墓，墓室呈 4 米×5 米，南北走向，深 4.2 米，根据探铲打出的棺木看，该棺疑为金丝楠木棺。

此次勘探发现的 64 座墓葬大部分属于 4 米×4 米的竖穴土坑墓，平均深度 6 米左右，墓葬年代跨度从西汉至六朝时期，六朝以后的古代墓葬此次钻探没有发现。这个勘探结果基本符合盐仓城发展衰落的历史过程。汉朝建立后调整了行政区划，在现今的赣榆境内设置了利城县、祝其县、计斤县、赣榆县，四县的管辖范围总体比现在赣榆所辖面积略大。盐仓城是当时赣榆县的县治所在地，这一时期是盐仓城最为高光的时刻。石岭村一带距离盐仓城较近，作为城内居民墓地也是顺理成章。三国时天下大乱，盐仓城县治地位丧失，人口流失，迅速衰落。此外，后朝推行简葬，石岭古墓群中少有其他墓葬也在情理之内。西汉时期家族墓地已经形成,由在一个土墩内发现 6 座墓葬的情况推测,土墩可能就是家族墓地的封土。发现的墓葬中有疑为流沙墓的,还出土了疑为金丝楠木棺的木棺,从一个侧面反映出当时赣榆县社会经济发展的水平及民俗情况。

图 3.6　探铲打出的棺木

第四章

石岭汉墓考古发掘简报

石岭2012年被我们熟知，主要是因为在那里发现了古墓群。当年冬天，赣榆博物馆清理了2座被发现的汉代墓葬。后来我们又对石岭及其周边地区开展了重点考古勘探，了解了这一地区古代墓葬分布的基本情况。2015年，在多方推动下，南京博物院实施了盐仓城遗址聚落考古项目。石岭汉墓群作为项目的重要组成部分被列入其中。这里主要介绍一下赣榆博物馆清理的2座汉墓及项目组清理的5座汉墓的基本情况。按照发掘先后顺序将它们编号为M1～M7。

一、一号墓葬（M1）

（一）墓葬形制

1. 墓圹与填土

一号墓葬为村民采挖石英石发现的，封土被破坏，填土为五花土，异于墓圹土色，最底层有0.1米左右厚青膏泥。墓葬深4米，为竖穴土坑墓，平面呈长方形，墓壁较规整，北侧部分被挖机破坏。

2. 葬具

双棺，东西走向，有棺有椁，西侧有脚箱。两棺各长3.07米，宽0.89米，棺距0.18米。椁长3.36米，宽1.96米。脚箱宽0.6米，长1.96米，高0.6米。棺椁保存基本完整，经判断为楸木制作，尚未全部腐烂，棺木木心尚呈白色。

3. 葬式

男棺内仅存零星小碎骨及牙齿，女棺内尸骨腐朽无存，葬式应为头东脚西。

图 4.1　墓圹

（二）随葬器物分布

该墓共出土随葬器物 24 件（套），其中陶器 13 件（套），放置于脚箱内，其他器物均在棺内。男棺内出土铁剑，头部出土云母片。女棺内头部出土漆盒一套。此外还出土有铜镜、五铢钱、黛板、谷物等，它们大部分保存较为完整。

图 4.2　墓室棺椁

图 4.3 脚箱

图 4.4 谷物

(三) 随葬器物

1. 陶器

一号墓葬出土陶器均为泥质硬陶,灰白胎。器物表面施青黄釉,多釉不及底,胎釉结合较好,少量脱落,部分有流釉现象。部分器物表面装饰刻划纹,纹饰多在肩部,部分器物为素面。器型主要有壶、瓿、罐。

壶 7件。根据器型的差异，分双耳小侈口釉陶壶和双耳大侈口釉陶壶两种。

双耳小侈口釉陶壶 4件。M1∶1，灰胎，短直颈，圆鼓腹，平底，施半釉，脱落严重。口径11.7厘米，底径14.1厘米，高33.5厘米，最大腹径25.8厘米。M1∶2，脱釉严重，口径13.5厘米，底径16厘米，高33.9厘米，最大腹径29厘米。M1∶3，施半釉，有流釉，颈部装饰有一圈波浪纹，肩部和腹部各有一组由四条细线组成的线条，口径10.6厘米，底径10.6厘米，高27厘米，最大腹径19.4厘米。M1∶4，全身施釉，腹部以下釉面脱落，口沿处和颈底部各有一圈波浪形几何装饰纹，肩部至腹部有三道绳纹间隔，口径12.2厘米，底径14.3厘米，高32.5厘米，最大腹径27.8厘米。

图 4.5　M1∶1　双耳小侈口釉陶壶

图 4.6　M1∶2　双耳小侈口釉陶壶

图 4.7　M1∶3　双耳小侈口釉陶壶

图 4.8　M1∶4　双耳小侈口釉陶壶

图 4.9　M1∶5　双耳大侈口釉陶壶

图 4.10　M1∶6　双耳大侈口釉陶壶

图 4.11　M1∶7　双耳大侈口釉陶壶

图 4.12　M1∶8　瓿

双耳大侈口釉陶壶　3件。M1∶5，灰胎，口残，通体施釉，部分脱落，口部有波浪纹，肩部至腹部有三道旋纹间隔，口径16.4厘米，底径16厘米，高43.2厘米，最大腹径34厘米。M1∶6，口部、腹部残缺，口部至残缺腹部有裂纹，釉面脱落，口径12.7厘米，底径10.5厘米，高28厘米，最大腹径23厘米。M1∶7，残，釉面部分脱落，颈部至底部有贯穿裂纹，口径12.4厘米，底径13厘米，高29.8厘米，最大腹径27厘米。

瓿　2件。M1∶8，灰胎，施全釉，部分脱落，肩部至腹部最大处有三道旋纹间隔，每道旋纹由三条凸出的细线组成，口径11.2厘米，底径16.5厘米，高31.7厘米，最大腹径35.8厘米。

M1∶9，灰胎，施全釉，腹部以下釉面脱落，腹部有裂痕，口径12.5厘米，底径16厘米，高31.8厘米，最大腹径37.8厘米。瓿内出土一圆形木盖。

罐 1件。M1：10，灰胎，全釉，腹部以下脱落，侈口，圆唇，束颈，圆肩，肩部和上腹部各饰两周单线凹弦纹，口径11.3厘米，底径11厘米，高19厘米，腹径21厘米。

图4.13　M1：9　瓿

图4.14　M1：10　罐

2. 铜器

一号墓葬出土铜器数量较少，均为日常生活用器。器类有铜镜、带钩、铜刷等。

铜镜 2件。M1：11，连弧纹镜，直径9.1厘米。M1：12，昭明镜，直径10.2厘米。

图4.15　M1：11　连弧纹镜

图4.16　M1：12　昭明镜

带钩 1件。M1：13，勾首如蛇头，钮柱为圆形柱，钮为偏平圆形钮，素面无纹饰，通长11.7厘米。

第四章　石岭汉墓考古发掘简报

图 4.17　M1∶13　带钩

铜刷　1 件。M1∶14，头部为龙头形，龙舌伸出作为匙使用，尾部柱状，空心，塞在尾部的刷毛已腐朽，通长 12.4 厘米。

图 4.18　M1∶14　铜刷

3. 铁器

铁剑　2 把。M1∶15，残长 96 厘米，剑鞘残长 60 厘米。

图 4.19　M1∶15　铁剑

M1∶16，残长 81 厘米，剑鞘残长 45 厘米。剑鞘为漆制品，黑底，表面有红色漆绘几何纹。

21

图 4.20　M1∶16　铁剑

4. 漆木器

漆盒　4 套，箆 3 把，梳 1 把，木质镜托 1 件，黛板 1 件。大部分残破、变形，器物形状基本可辨。

长方形漆盒　1 套。M1∶17，木胎。整体保存较好，稍有残缺、变形，底：长 6.2 厘米、宽 2.5 厘米、高 4.5 厘米。盖：残长 6.7 厘米，宽 3 厘米。

盒盖顶部绘有线条、蝌蚪纹等图案，中心有柿形箔片镶嵌痕迹，箔片已脱落，两侧绘有凤纹及祥云组成的图案。

马蹄形漆盒　1 套。M1∶18，夹纻胎。底：长 7.5 厘米、宽 5.2 厘米、高 5 厘米。盖：长 8.2 厘米、宽 5.9 厘米、高 4.5 厘米。通高：6.5 厘米。盒盖边缘有线条分隔，组合成对称的菱形纹，盒盖顶部中心镶嵌有柿形箔片痕迹，左右两侧绘有龙纹。

图 4.21　M1∶17　长方形漆盒　　　图 4.22　M1∶18　马蹄形漆盒

圆形漆盒　2 套　M1∶19，夹纻胎。修复后底直径 6.5 厘米，底高 4.7 厘米，通高 6 厘米。盒盖顶部中心有柿形箔片镶嵌痕迹，四周凤纹环绕，盒盖边缘用线条分隔，以菱形纹间隔，辅以蝌蚪纹、云雷纹等装饰。盒盖和盒体中间区域绘有凤纹。

图 4.23　M1：19　小圆形漆盒　　　　图 4.24　M1：20　大圆形漆盒

M1：20，夹纻胎。修复后底直径 14.6 厘米，底高 9.7 厘米，通高 12.7 厘米。盒盖顶部中心有柿形箔片镶嵌痕迹，盒盖从肩部到顶部呈台阶式上升状，分为四个环带，以龙形纹、几何纹规律性间隔。盒盖和盒体上下边缘以线条分隔，绘有几何纹，中间区域绘有龙形纹。

篦梳　4 件。篦子 M1：21，残，漆皮脱落，木质，长 7.7 厘米、宽 6.3 厘米、厚 0.5 厘米。篦子 M1：22，残，漆皮脱落，木质，残长 7.9 厘米、宽 6.3 厘米、厚 0.5 厘米。篦子 M1：23，残，漆皮脱落，木质，残长 7 厘米、宽 6 厘米、厚 0.5 厘米。梳子 M1：24，残，漆皮脱落，木质，长 8 厘米、宽 6.3 厘米、厚 0.4 厘米。

木质镜托　1 件。M1：25，完整，漆皮脱落，直径 10.5 厘米。

黛板　1 件。M1：26，残，由木石构成。黛板上：长 22.3 厘米、宽 7.3 厘米、厚 0.8 厘米。木板：残长 23 厘米、残宽 6 厘米、厚 0.3 厘米。黛板下：长 22.3 厘米、宽 7.2 厘米、厚 0.5 厘米。木板：长 23.2 厘米、宽 6 厘米、厚 0.3 厘米。石质板：长 15.5 厘米、宽 6 厘米、厚 0.3 厘米。

图 4.25　M1：21　篦子　　　　图 4.26　M1：22　篦子

图4.27 M1∶23 篦子

图4.28 M1∶24 梳子

图4.29 M1∶25 木质镜托

图4.30 M1∶26 板研

5. 钱币

五铢钱 21枚。M1∶27，品相较好，保存完整，直径2.6厘米。

6. 谷物

M1∶28，淤积层厚度不一，总体厚约5厘米。判断为黍子，似伴有秸秆腐烂痕迹，疑为下葬时将带秸秆的黍子铺于棺底。

7. 云母片

2片，M1∶29，残，半透明状，长7.4厘米、宽6.1厘米、厚约0.05厘米。

图4.31 M1∶27 五铢钱

图4.32 M1∶29 云母片

二、二号墓葬（M2）

（一）墓葬形制

1. 墓圹与填土

二号墓为村民采挖石英石时发现的，位于 M1 西北方向，两者距离约 10 米处，封土被破坏，墓壁修整较平。墓口长 3.6 米、宽 2.6 米、深 4.2 米，墓底长 3.2 米、宽 1.4 米。填土为五花土，明显异于墓圹，最下层为约 10 厘米厚的青膏泥。

图 4.33 墓圹

2. 葬具

二号墓为单人墓，保存状况较差，有棺椁。棺椁顶部已塌陷，积压于棺椁底部，棺椁之间间隔约 10 厘米。棺长 2.65 米、宽 0.85 米。椁与墓圹之间有宽 15 厘米、深 30 厘米的木炭层。

图 4.34 葬具

3. 葬式

棺木内未发现人骨，葬式不明，根据放置的器物位置判断应为东西向。

图 4.35　墓葬底部

（二）随葬器物分布

共出土 6 件陶器和 1 套铜席镇，其中 3 件陶器置于西侧边箱内，2 件陶器位于椁外西南角，1 件陶器位于西南角坑壁内，铜席镇位于北侧棺椁之间。

（三）随葬器物

铜席镇　M2：1，4 枚，保存完整，龙马结合造型，底径 7.5 厘米，通高 7.0 厘米，重 0.53 千克。

二号墓随葬陶器为灰陶，酥化严重，保存状况较差。

壶 M2：2，盘口，束颈，折腹，尖底，口径13.2厘米，腹径37厘米，底径12厘米，高35.2厘米。

M2：3，残破严重，与M2：2器型一致，尺寸与M2：2相同。

M2：4保存完整，腹部有一孔，盘口，口径11厘米，腹径18厘米，底径7.5厘米，高35.2厘米。

M2：5、M2：6、M2：7，后期清洗时酥化成碎块。

图4.36 M2：1 铜席镇

图4.37 M2：2 壶

图4.38 M2：4 壶

三、三号墓葬（M3）

（一）墓葬形制

1. 墓圹与填土

三号墓为当地村民采挖石英石时发现，地表封土已被破坏，墓口直接暴露在外，为竖穴土坑墓。墓坑填土中沙土较多，颗粒较粗，呈白色，明显异于坑壁生土颜色。墓葬呈圆角长方形，墓向25°，墓口长3.0米、宽1.2米、残深2.8米。墓圹直壁向下稍内收，墓壁未经精细修整，凹凸不平。

2. 葬具

墓葬保存状况较差，墓坑内干燥，无地下水渗入，未见葬具，仅见墓底有一层白灰，不知何物，疑似棺木腐朽后留下的痕迹。

3. 葬式

葬具及人骨腐朽无存，葬式不明，根据清理过的墓葬葬式及墓坑走向推测应是东西方向。

（二）随葬器物分布

墓葬内未出土任何遗物，未见石岭汉墓中常见的陶罐之类的陪葬品。

四、四号墓葬（M4）

（一）墓葬形制

1. 墓圹与填土

四号墓为一椁双棺同穴合葬墓，系当地村民采挖石英石时发现，地表封土已被破坏，墓口直接暴露。墓葬呈方形，墓向200°，墓口西南角被一砖室墓打破，该砖室墓平面不规整，填土杂乱，向下清理到2.0米左右时，仍见挖掘机爪迹，确认该墓已被破坏，已无考古价值，未再清理。墓圹西南侧有一方形盗洞，内填黑褐色掺有白颗粒的花土，与周边土质土色明显相异，应是早期盗扰痕迹，未发现出土物。该墓墓口长4.0米、宽3.32米、残深2.9米，墓壁较为规整，墓底略小于墓口。墓葬填土上层为黄褐色五花土，土质较为坚硬，夹杂物较少，偶见少许小块石英石。中层近棺椁处为黄土层，厚约0.20米，土质坚硬，疑为夯筑，但夯窝不甚明显。下层为厚约0.10米的青膏泥，附着于棺木之上。

图 4.39 墓口

图 4.40 墓圹

2. 葬具

该墓葬椁盖板已被破坏，只见几块大小不一的木板杂乱放置。南侧椁壁缺失，东、西、北三侧椁壁各有 3 块椁板，以高低缝叠拼而成，东西两侧的椁板长 3.7 米、厚 0.12 米，上块高 0.55 米、中块高 0.25 米、下块高 0.2 米。

北侧椁板长 2.8 米、厚 0.12 米, 上块高 0.55 米、中块高 0.25 米、下块高 0.20 米。椁底板共 4 块, 东西并排放置, 以榫卯结构固定, 长 3.7 米, 由东向西分别宽 0.45 米、0.50 米、0.52 米、0.43 米。椁底板下东西两侧各见南北向垫木一根, 垫木长 3.8 米、宽 0.16 米、厚 0.12 米。椁室内有一道木板隔出棺室和东边厢。东边厢长 3.7 米、宽 0.2 米, 最南部又有一门形板隔出一长 0.25 米、宽 0.20 米的小空间。棺室内北侧放置南北并排的棺木两具。两具棺木规格等大, 中间有 0.30 米宽的空隙。两具棺木盖板南侧皆被整齐砍断, 棺盖板由 3~4 块木板以榫卯结构拼合而成, 现已开裂而有缝隙。棺木用整段楸木刳空成棺底和两侧棺帮, 两端嵌入头挡和足挡, 帮板与盖板之间用榫卯扣合, 缝隙用生漆密封。两具棺皆外髹黑漆, 内髹朱漆, 长 2.75 米、宽 0.8 米、内高 0.65 米、壁厚 0.12 米。两棺与南椁壁之间空余出宽 0.70 米的空间, 类似于脚厢, 但未见厢板隔开。棺木保存较好。

图 4.41　葬具

3. 葬式

四号墓两棺内均渗满泥水。在东棺南侧发现杂乱分布的肢骨、头骨、腿骨, 葬式不明。在西棺南侧发现杂乱分布的肢骨、腿骨、牙齿, 葬式不明。根据杂乱分布的尸骨及棺盖板被砍的情况推测, 该墓葬封土不久可能就被盗墓者偷盗。

(二)随葬器物分布

四号墓出土随葬器物15件(套),其中东边厢出土残漆耳杯2件、残漆盘1件,另有较多漆器残片;东棺棺底出土"五铢"铜钱12枚;西棺棺底出土"大泉五十"铜钱60枚,铜刷1件,竹筷1双,木笄1件;两棺与南椁壁之间出土釉陶壶7件。

图4.42 脚箱

(三)随葬器物

釉陶壶 7件,分为侈口和盘口两大类。M4:1、M4:3、M4:5、M4:7,器型相同,皆侈口、束颈、弧肩、鼓腹,肩腹部有一对蕉叶形耳,耳上饰叶脉纹。M4:1,口沿略残。口沿内外、颈及肩腹部施黄褐色釉。尖唇,平底,矮圈足,耳上方有羊角形贴饰。颈部近肩处饰弦纹与水波纹,其下饰弦纹数周。口径13.8厘米、底径13.6厘米、高32.6厘米。M4:3,口沿内外、颈及肩腹部施黄褐色釉。尖圆唇,平底内凹。颈以下饰弦纹数周。口径9.2厘米、底径8.8厘米、高20.2厘米。M4:5,口沿内外、颈及肩腹部施黄褐色釉,部分釉脱落。尖圆唇,平底。颈以下饰弦纹数周。口径8.0厘米、底径8.0厘米、高19.8厘米。M4:7,腹部部分残缺,已修复。口沿内外、颈及肩部施青绿色釉,釉脱落。尖圆唇,平底,矮圈足,耳上方有羊角形贴饰。颈部近口处及颈部饰弦纹与水波纹,腹上部饰三匝凸起弦纹。口径16.6厘米、底径16.0厘米、高41.0厘米。

M4∶2、M4∶4、M4∶6，器型相同，皆为盘口、弧肩、鼓腹，口沿内外、颈及肩腹部施青绿色釉，束颈，平底内凹，肩腹部有一对蕉叶形耳。M4∶2，口沿略残，已修复。方唇，耳上方有羊角形贴饰，耳上饰叶脉纹，周身饰弦纹数周。口径12.4厘米、底径12.8厘米、高34.2厘米。M4∶4，腹部部分残缺，已修复。部分釉脱落。方唇，耳上素面，肩以下饰弦纹数周。口径10.8厘米、底径10.4厘米、高25.6厘米。M4∶6，脱釉严重。圆唇，耳上素面，颈部近肩处饰三圈水波纹，颈部以下饰弦纹数周。口径10.2厘米、底径9.6厘米、高24.8厘米。

图4.43　M4∶1　釉陶壶

图4.44　M4∶2　釉陶壶

图4.45　M4∶3　釉陶壶

图4.46　M4∶4　釉陶壶

图 4.47　M4：5　釉陶壶　　　图 4.48　M4：6　釉陶壶

图 4.49　M4：7　釉陶壶

木笄　1 件。M4：8，扁弯长条形，顶部残，底端削尖。素面。残长 11.3 厘米、宽 0.4 厘米。

漆耳杯　2 件。器型相同，皆出土于椁东边厢。木胎，椭圆形，两侧有斜翘的月牙形耳，圆唇，弧腹，小平底。外髹黑漆，内髹朱漆。素面。M4：9，口部残。口长 18.5 厘米、宽 13.8 厘米；底长 10.7 厘米、宽 6.3 厘米；高 5.2 厘米。M4：11，耳残。口长 17.5 厘米、宽 10.6 厘米；底长 11.0 厘米、宽 6.2 厘米；高 6.1 厘米。

漆盘　1 件。M4：10，出土于椁东边厢，残存三分之二。木胎，宽折沿，浅腹，平底。外髹黑漆，内髹朱漆。素面。口径 21.8 厘米、底径 10.5 厘米、高 3.7 厘米。

"五铢"铜钱　12 枚。M4：12，出土于 M4 东棺棺底。锈蚀。圆形方孔，内外有郭。钱文"五铢"篆书，其中"五"字交叉两笔较弯曲，"铢"字金字旁四点呈圆点，"朱"上笔方折，下笔近弧，穿上横划，记号有穿下半星。直径 2.7 厘米、孔边长 1.0 厘米、厚 0.13 厘米。

铜刷　1 件。M4：13，出土于 M4 东棺内。形似烟斗，柄细长，前端呈圆斗形，中空，内有毛发纤维，后端为条形柄，近柄端有一孔。通体素面。长 10.3 厘米、斗径 0.9 厘米。

"大泉五十"铜钱　60 枚。M4：14，出土于 M4 西棺棺底。保存较好。圆形方孔，内外有郭。钱文"大泉五十"篆书。直径 3.0 厘米、孔边长 0.8 厘米、厚 0.16 厘米。

竹筷　1 双。M4：15，出土于 M4 西棺棺底中部，残存一半。竹胎，长条形，部分变形弯曲。素面。残长 12.0 厘米、宽 1.1 厘米、厚 0.7 厘米。

五、五号墓葬（M5）

（一）墓葬形制

1. 墓圹与填土

五号墓开口于地表土层之下，未发现封土。墓口呈长方形，墓向 30°。上口大底部小，墓壁向内斜收，修整较平。墓口长 3.4 米、宽 2.4 米、墓深 3.5 米，墓底长 3.0 米、宽 1.2 米。墓内填土上层为五花土，中部为厚约 0.65 米的黄色夯土层，夯窝明显，夯窝直径约 5.0 厘米，下层为约 10.0 厘米厚的青膏泥。

图 4.50　墓圹

2. 葬具

在五号墓夯土层下发现一个棺木坍塌后形成的窟窿。墓葬保存状况较差，残存部分棺木，棺外未发现椁的痕迹，可见一棺一足厢痕迹，棺长2.1米、宽0.8米，足厢长0.8米、宽0.7米。

图4.51　葬具

3. 葬式

五号墓保存状况较差，人骨腐朽无存，葬式不明，根据石岭地区发现的汉墓一般葬式推断应为东西走向。

（二）随葬器物分布

五号墓共出土随葬器物5件，其中足厢内出土灰陶罐3件，棺底中部有残铜镜1件，陶足1对，可能为漆樽腐烂后残留物。

图4.52　随葬器物分布

(三) 随葬器物

陶罐 3件。其中M5∶1和M5∶3皆为泥质灰陶,器型相同。侈口、卷沿,方唇,束颈,弧肩,鼓折腹,平底近圆。腹下部饰绳纹。部分残缺,已修复。M5∶1,口沿部分残缺,口径17.0厘米、底径11.0厘米、高34.5厘米。M5∶3,腹部部分残缺,口径18.5厘米、底径12.0厘米、高35.5厘米。M5∶2,夹砂灰陶。侈口,卷沿,方唇,束颈,弧肩,鼓腹,平底。器表可见轮制弦纹。口径20.0厘米、底径10.5厘米、高27.0厘米。

陶足 1对。M5∶4,大小形制相同,夹砂灰陶。呈倒琵琶形,上部宽圆,内空,底部厚实。长3.5厘米、宽2.0厘米、厚1.20厘米。

图4.53 M5∶1 折腹陶罐

图4.54 M5∶2 夹砂灰陶罐

图4.55 M5∶3 折腹陶罐

六、六号墓葬（M6）

（一）墓葬形制

1. 墓圹与填土

六号墓为当地村民采挖石英石时发现的，表面封土已被破坏，墓口直接暴露。墓口呈圆角方形，墓向10°。口大底小，直壁向下稍内收，墓壁未经修整，表面凹凸不平。墓口长3.0米、宽1.80米，墓残深1.70米，墓底长2.5米、宽1.7米。墓内填土上层为五花土，土质较疏松，下层为红褐色黏土，土质黏性大。墓底南北两侧各有一熟土二层台，北侧二层台宽0.55米、高0.40米，南侧二层台宽0.25米、高0.40米。

2. 葬具

墓葬保存状况较差，残存部分棺木，棺外未发现椁的痕迹，棺长2.5米、宽0.9米。墓底放置4根垫木，长1.0米、宽4.0厘米、厚10.0厘米。

3. 葬式

人骨腐朽无存，葬式不明。

（二）随葬器物分布

六号墓随葬器物只有陶罐1件。

（三）随葬器物

陶罐为素面深灰陶，烧成温度低，酥化严重。侈口，平折沿，方唇，短粗颈，弧腹，平底，矮圈足。口径10.8厘米、足径11.6厘米、高14.0厘米。

七、七号墓葬（M7）

（一）墓葬形制

1. 墓圹与填土

七号墓为竖穴土坑异穴双棺合葬墓，为当地村民采挖石英石时发现的，地表封土已被破坏，墓直接暴露。墓口呈长方形，墓向25°。墓口长3.10米、宽2.10米。南棺打破北棺，且南棺埋葬较浅。南棺坑长2.90米、宽0.80米、残深0.15米。坑内填土已被破坏至墓底，仅剩厚约15.0厘米的青膏泥。北棺坑长 3.10 米、宽 1.30 米、残深 1.70 米。坑内填土上层为黄褐色花土，下层为厚约 6.0 厘米的青膏泥。

图 4.56　墓圹

2. 葬具

墓葬保存状况较差，南棺残存部分棺木，棺外未发现椁的痕迹，可见一棺一脚厢痕迹，棺长 2.40 米、宽 0.60 米，脚厢长 0.40 米、宽 0.60 米。北棺未见葬具及其痕迹。

图 4.57　南棺脚箱

3. 葬式

两棺人骨腐朽无存,葬式不明。

(二) 随葬器物分布

该墓葬出土随葬器物 10 件。其中南棺脚厢内出土釉陶壶 3 件,脚厢内还有漆皮痕迹,表明原有漆器随葬。北棺出土陶罐 4 件、板研 1 件、研石 1 件、五铢铜钱 7 枚。

图 4.58　北棺器物分布

(三) 随葬器物

釉陶罐　南棺,编号 M7G1,共出土釉陶罐 3 件。M7G1:1,颈及肩部施青绿色釉,脱釉严重。口沿残缺,平底内凹。颈部近肩处饰三圈水波纹,颈部以下饰弦纹数周,耳上饰叶脉纹。底径 11.1 厘米、残高 25.6 厘米。M7G1:2,口沿内外、颈及肩部施黄褐色釉。圆唇,平底内凹。耳上素面,颈部以下饰弦纹数周。口径 19.6 厘米、底径 12.8 厘米、高 38.4 厘米。M7G1:3,口沿残缺,已修复。口沿内外、颈及肩部施青绿色釉,部分脱釉。圆唇,平底内凹。耳上方有羊角形贴饰,耳上饰叶脉纹,颈部近肩处饰水波纹及弦纹,颈部以下饰弦纹数周。口径 14.4 厘米、底径 12.0 厘米、高 30.0 厘米。

图 4.59　M7G1：1　釉陶罐

图 4.60　M7G1：2　釉陶罐

陶罐　北棺，编号 M7G2，共出土陶罐 4 件，其中修复 3 件。皆球腹，平底略内凹。素面泥质灰陶。侈口，圆唇，束颈，弧肩。烧成温度低，制作粗糙。M7G2：2，口径 13.0 厘米、底径 14.0 厘米、高 22.2 厘米。M7G2：3，腹部残缺。口径 14.0 厘米、底径 17.6 厘米、高 26.4 厘米。M7G2：4，腹部残缺。口径 13.6 厘米、底径 14.8 厘米、高 26.4 厘米。

图 4.61　M7G1：3　釉陶罐

图 4.62　M7G2：2　陶罐

板研　1 件。M7G2：5，灰红色。呈长板形，断为两截，一面光滑平整，部分地方有墨痕，另一面粗糙未加工。残长 14.6 厘米、宽 5.0 厘米、厚 0.4 厘米。

研石 1 件。M7G2：6，灰红色。下方上圆，方面光滑平整，部分地方有墨痕。下部直径 2.5 厘米、高 1.6 厘米。

五铢铜钱 7 枚。M7G2：7，出土于 M7G2 棺底中部，串联在一起，绳已朽。锈蚀较重，内外有郭。钱文"五铢"篆书，其中"五"字交股斜直式缓曲，"铢"字金字旁呈三角形，"朱"上笔方折，下笔近弧，记号有穿下半星，穿上横划。直径 2.7 厘米、孔边长 1.0 厘米、厚 0.12 厘米。

图 4.63　M7G2：3　陶罐　　　　图 4.64　M7G2：4　陶罐

第五章

石岭古墓群的保护与思考

石岭古墓群是赣榆迄今发现的规模最大的古代墓葬群，分布面积之大，埋藏墓葬之多，超过了赣榆考古人的想象。文物资源是宝贵的不可再生资源，一旦破坏将造成不可弥补的遗憾。石岭墓群是赣榆的先民在这块土地上留给后人的宝贵文化遗产，如何有效保护这些宝贵的文化遗产是我们急需解决的问题。

一、石岭古墓群保护

石岭古墓群地处赣榆中西部地区，当地经济条件相对较差，但民风古朴，受传统观念影响，当地居民极少毁坏古墓葬，即使偶然发现也大多敬而远之或偷偷回埋。随着市场经济的快速发展，新事物不断出现，人们的思想观念也随之变化，石岭古墓群现状令人担忧。

首先，开采地下石英石导致一些没有被勘探到的古墓葬被发现、破坏。墓群所在岭地下富含石英石，最近10余年来当地村民为增加收入，每年都会在秋收之后开采石英石。大型机械的投入，在提高开采效率的同时，古墓葬被发现的概率也大大提高。文物部门在钻探时对发现的古墓葬逐一做了标志，每次巡查都发现有标志被破坏，大部分为村民在生产活动中有意或无意毁坏。这几年的数据显示，开采石英石对古墓群的破坏最为严重。

其次，盗墓是对古墓群的又一重要破坏行为。随着各种媒体对文物的宣传，加之收藏市场的兴起和繁荣，人们的思想观念发生了变化——人们都知道古墓出土的东西能带来不菲的经济利益。在利益的驱使下，敬畏古人的观念在部分人群中逐渐被淡化。所谓"挖宝"思想逐渐转变了部分人的观念，个别村民伙同外来盗墓者盗掘古墓葬之事也频频发生，更有盗墓者依据文物部门树立的标志"按图索骥"盗掘古墓。整个墓群面临被破坏和盗掘的风险。

虽然石岭古墓群在赣榆当地规模较大，但相比于全国其他地区的大型古墓群来说，在规模和等级上都有所逊色。石岭古墓群和其地方古墓群一样，面临如何免遭破坏的问题。对于如何有效地保护好古墓群，各地有很多经验值得学习，也有很多教训值得借鉴。结合石岭古墓群的特点、现状和其他地区的经验做法，保护石岭古墓群可以从以下几个方面着手：

（1）政府规范石英石开采。石英石开采是当地村民的副业之一。早年主要靠人工在自家的地里开采石英石，规模小、效率低。国土部门、当地政府也没有制定相应的开采制度，石英石的开采处于混乱无序的状态。随着石英石的利润增加，开采大户出现，他们通过购买农民土地的开采权，投入大型机械，大面积开采。开采过程中不断发现古代墓葬，其中大部分都难逃被毁厄运，只有极少数人主动向当地政府或文物主管部门报告。鉴于石岭古墓群的现状，规范石英石开采是保护古墓群的重要举措。如何在保护好古墓群的同时又兼顾群众的经济利益，值得我们研究思考。若全面禁止开采，不符合现实需要；若无序混乱开采，文物资源又会遭到破坏。因此，建议对石英石的开采采取行政许可制度，文物部门在开采前对拟开采地块实施全面勘探。没有古墓葬方可开采，如果发现古墓葬也不必主动发掘，明确告知施工方具体位置，让施工方避开墓葬，并负责保护。一旦开采区域古墓葬被破坏，就需要追究相关负责人的法律责任。规范石英石开采是防止石岭古墓群被破坏的重要手段之一。

（2）执法机关加大打击盗墓力度。被盗掘是大部分古墓群面临的共性问题，遏制盗墓需要执法部门加大打击的力度。石岭墓群盗墓，是本地村民和外地盗墓者"里应外合"。村民提供墓群信息及作案机械，盗墓者给予村民一定的劳务费用，获得的文物由盗墓者带走销售。此外，也有村民自己盗挖，将挖到的文物送到外地销售，而且有村民已经得到了丰厚的经济回报。执法部门打击力度不够一定程度上"纵容"了盗墓行为。保护古墓群，地方政府首先需要转变观念，充分意识到文物资源是地方特有的文化资源，是能够转化或间接促进地方经济发展的软实力。通过地方政府的强化管理，执法部门强力配合打击，石岭古墓群是可以得到有效保护的。

（3）及时划定公布墓群保护范围。划定保护范围是有效保护古墓群的常见做法。《中华人民共和国文物保护法》第十七条规定:"文物保护单位的保护范围内不得进行其他建设工程或者爆破、钻探、挖掘等作业。但是,因特殊情况需要在文物保护单位的保护范围内进行其他建设工程或者爆破、钻探、挖掘等作业的,必须保证文物保护单位的安全,并经核定公布该文物保护单位的人民政府批准,在批准前应当征得上一级人民政府文物行政部门同意;在全国重点文物保护单位的保护范围内进行其他建设工程或者爆破、钻探、挖掘等作业的,必须经省、自治区、直辖市人民政府批准,在批准前应当征得国务院文物行政部门同意。"目前,石岭古墓群已经公布为县级文物保护单位。文保单位的公布能让当地群众了解相关的法律法规,在以后的生产活动中能够有意识地避免破坏文物资源,也能为执法部门的执法提供相应的法律依据。

(4)建立长效的墓群保护机制。建立切实有效的保护机制可以借鉴其他地区的经验。一是健全执法部门的管理制度,将打击盗掘古墓、走私文物犯罪活动纳入公安机关年度目标化管理体系当中,并建立相应的一套打击文物犯罪的督查、考核、评比制度。二是建立完善的文物保护网络体系。将古墓葬保护纳入各级政府的责任范畴,实施"一级抓一级"的管理模式。健全市区文物管理部门、辖区派出所、乡镇文化站、村文保员等能够上下联动、赏罚分明的文物监管快速反应信息网络和微信平台联合执法体系。谁村的古墓葬

图5.1 领队朱国平介绍石岭墓葬情况

谁负责，谁家田里的古墓葬谁负责，落实古墓葬责任制度，实行"群防群治"。

全社会文物保护意识不强，对古墓葬的科学价值、社会价值、艺术价值、文化价值缺乏必要的认识。石岭古墓群发现之初并没有引起地方政府的足够重视，保护措施不健全，相应的责任制度落实不到位。石英石的开采混乱无序，导致古墓群不断遭到破坏，给当地文物资源造成无法挽回的损失。近几年来，古墓群已经得到地方政府的重视，古墓群已被公布为县级文保单位，划定了保护范围，其他保护措施也随之跟进，相信在全社会共同努力下，古墓群将得到切实有效的保护。

图5.2　江苏省文物局专家察看古墓葬

二、石岭古墓群年代

从石岭考古勘探的情况分析，已发现的古墓为汉代墓葬，以竖穴土坑墓为主，少部分为砖室墓。按照汉代墓葬的一般规律，西汉早中期墓葬为土坑墓，有棺椁、边箱、脚箱等。西汉后期砖室墓逐渐在统治中心兴起并迅速辐射到周边地区，到了东汉时期，即使是偏远地区也都建砖室墓。石岭墓群也存有一定数量的砖室墓，勘探发现砖室墓14座，而且在石岭、于沟等村的田间地头也发现了不少墓砖，这些墓砖多为东汉时期的墓砖，也有少量的六朝时期的墓砖。因此，我们得出的结论是石岭及其周边的墓葬以汉代墓葬为主，也有部分六朝时期的砖室墓。至于六朝以后的古墓葬，理论上石岭周边应该存在，但目前没有掌握准确的相关信息，在实际工作中也未曾在该地区发现。

石岭古墓群总体上以西汉竖穴土坑墓为主，其次是西汉末期及东汉时期的砖室墓，再次为少量六朝时期的砖室墓。迄今为止，我们还没有在赣榆地区发掘过完整的砖室墓葬。对于石岭墓群主要是汉代墓葬而缺少后续年代墓葬的情况，值得文物工作者和历史研究者进一步研究探讨。从全国其他地方公布的考古情况分析，汉墓群分布于全国各地是古代墓葬群的主流。有学者认为汉墓群之所以存世较多，一方面是因为汉代是中国古代社会发展的强盛时期，和平稳定的社会环境保持了较长的时间；另一方面，汉代人"视死如生"，崇尚厚葬，重视家族传承逐渐形成家族墓群，日积月累造就了大大小小的汉墓群、家族墓。汉代以后，新建的王朝对汉代厚葬之法颇有诟病，提倡简葬，经过漫长的岁月侵蚀，大部分墓葬化作泥土消失在历史的长河之中。

三、石岭古墓群墓主等级

在石岭考古勘探和发掘期间，村民经常会问："你说咱这地方有没有大墓？"秦汉时设置的赣榆县，其县治就设在盐仓城。该地距离石岭墓群约1.5千米，其遗址大部分尚在。南京博物院曾在遗址内试掘，发现其文化层共有三层，上层为秦汉文化层，中层为商周文化层，最底层为新石器龙山文化层。龙山文化时期，盐仓城、石岭一带就有人类活动，春秋时期成为盐官驻地，到了汉代修建了夯土垒砌的城墙，得到进一步的发展。盐仓城离海岸线不远，海盐经城南边的游水运抵盐仓城存储，然后再运往内陆。在汉代 400 多年历史之中，盐仓城的官吏、盐商、地主、富农以及城内的百姓，他们大部分人的最终归宿应该都在石岭墓地内。

1959 年，南京博物院曾在于沟发掘过规模较大的砖室墓并发现青铜器等文物，据说出土的青铜器中发现了疑似酒的液体。20 世纪 60 年代，部队在石岭修建碉堡，碉堡建在石岭村西北方向的大土墩之上，修建时发现了古墓，据说仅棺木就拉走了好几卡车。村民所说的，真实性有待考证，但通过盐仓城的历史,我们可以判断石岭及其周边可能有职位较高的官吏的墓葬,也许在后来2000多年历史中早已被毁坏殆尽了。通过石岭汉墓的零星发掘和勘探,我们看到有些墓葬棺木厚大,至今未腐,随葬器物也较为丰富,有漆器、铁剑、铜镜等,墓主应为经济条件较好的中小地主或中下级官吏。同时也有一些墓葬棺木无存,仅有两三件陶器陪之,墓主应为经济条件较差的平民百姓。

赣榆石岭汉墓与赣榆的古代历史发展基本一致。赣榆从古至今都远离中国的政治经济文化中心,历史上也未曾作为王侯将相的封地,境内及周边未出现过较大规模的城池,也没有发生过规模较大的战役等历史事件。因此,赣榆境内有大型王侯墓葬的可能性较小。另从王侯墓葬选址判断,赣榆地貌特征也不具备选址条件,当地民间也没有流传埋有大墓的传说故事。石岭地方广为流传的仅有盐仓王被杀,家人为其做了个金头,一夜起18个土墩下葬的传说,但这类故事其他地方也有,其真实性还有待进一步的考古调查。即便有盐仓王的墓葬,想必规格也不会太高。想要在赣榆境内寻找大墓,可以到小芦山、二龙山、大吴山、夹谷山等地探寻一番,但因这些山多石头,开凿墓穴极费民力,故存在的可能性较小。

图5.3 发掘现场

图 5.4　棺木残片

四、初识石岭古墓群

经过考古勘探和发掘,我们对石岭古墓群有了一定的初步了解和认识,结合石岭古墓群的实际情况以及赣榆其他地方地下文物资源埋藏情况,对石岭古墓群的认识主要体现在以下几个方面:

石岭古墓群的规模较大。考古勘探结果显示,该墓群分布于石桥镇石岭村、董沟村、于沟村、西拱齐村,海头镇王村等 5 个自然村,约 12 平方千米。墓群为东南至西北方向,重点钻探土墩 11 个,发现墓葬 64 座。石岭古墓群较为明显的一个特点是墓葬分布相对集中。在于沟村,仅钻探了一个土墩的一半就发现了 6 座墓葬。另外,石岭村石英场南面深坑中,经观察,四壁分布 6 座墓葬,底部钻探发现 1 座墓葬,一个坑内就发现 7 座墓葬。如此大的古墓群在赣榆尚属首次发现。在赣榆,除盐仓城遗址外,还有土城遗址、古城遗址等,它们均是汉城遗址。虽然在遗址附近也发掘过汉墓并发现文物,但在这两座古城遗址周边并没有发现比较集中的汉代墓葬群。由于有些遗址早年已被开发他用或已建成居民区,我们无法做进一步的考古勘探调查,这也是即便有古墓葬群也没有被发现的原因。

第五章　石岭古墓群的保护与思考

图5.5　7座墓葬位于坑内

　　石岭古墓群为盐仓城城外墓群，它的发现首先让人们思考的是这地方哪来这么多的古墓葬，附近应该有人口较为密集的聚落。古城盐仓城位于该地东南方向1.5千米处，因此便进入人们的研究视野。江苏省考古研究所朱国平先生认为，石岭墓群应是古城居民在城外的墓地，这一结论得到大多数专家学者的认同。除盐仓城外，该地附近并没有持续时间较长、人口较为密集的古代聚居区。经勘探得知墓群主要以中小型墓葬为主，等级不高，但其分布之广、面积之大，超过了预想。1959年、1980年和2015年，南京博物院曾三次对盐仓城遗址不同位置进行了考古试掘，考古发现盐仓城遗址文化层并不复杂，仅有三个文化层，上层为秦汉文化层，中层为商周文化层，底层为新石器龙山文化层。专家推测墓群是盐仓城居民在城外的墓地，有充分的考古依据。目前发现的石岭古墓葬多为汉代时期的墓葬，商周、新石器时代的墓葬目前尚未发现，只是在文化层中发现了石器、人骨、兽骨、陶片、灰坑、房址等，一些疑问还有待进一步的考古发掘。

　　石岭古墓群是赣榆重要的地下文物埋藏区。目前，该区已被列为连云港市重点保护的地下文物埋藏区并已公布。盐仓城遗址基本被村庄覆盖，地表仅残存东南角一段城墙，进一步考古勘探的空间有限。而作为盐仓城城外墓地的石岭古墓群基本还是农田，考古的空间较大，是研究古代盐仓城的一把钥匙，也是研究汉代赣榆经济、社会、农业、文化、风俗习惯的重要载体。当地民间流传的盐仓王金头与大土墩的故事从另一个侧面把石岭古墓群与盐仓城联系到了一起。汉墓的封土为覆斗形，石岭的土墩推测可能都是汉墓的封土。想必此地汉时坟茔垒垒，一座封土下面往往埋葬了一个家族几代人的坟墓，因此石岭古墓群在研究汉代赣榆家族发展延续上也具有重要的价值。

此外，石岭古墓群也是地方文化的重要载体，可以对其进行科学合理的开发利用。这些文物资源是所在地石桥镇独有的文化亮点。地方政府完全可借助这一独特资源打造人文景点，讲述赣榆故事，综合设计，推动特色旅游的开发，探索文物保护与经济发展相互支援的路径，增加农民收入，提高当地群众的生活水平和生活质量。

五、管窥赣榆汉代农业

汉代农产品在全国各地墓葬、遗址内多有发现，马王堆汉墓一次出土稻、麦、黎、粟、豆、枣、梨、甜瓜等15个品种；湖北江陵凤凰山168号汉墓出土粟、葫芦、桃、梅等实物；广西贵县萝泊湾1号汉墓出土有稻、粟、黄瓜、芋头等汉代农产品。出土实物表明，汉代的农作物种类较为丰富。汉代粮食作物主要为稻、麦、黎、粟、豆等。

与马王堆汉墓、凤凰山168号汉墓这些大墓相比，赣榆的汉墓多为平民墓葬，墓内出土的粮食较为单一。赣榆出土粮食的汉墓有一个共同特点是均为竖穴土坑墓。2012年，赣榆博物馆在抢救性清理石桥镇石岭村一汉墓时，在棺内发现了约5厘米厚的谷物层沉积在棺底。根据腐朽的痕迹可以看出粮食是在下葬时连着秸秆一起被放入棺内的。颗粒保存完整，经比对判断为粟。此外，1983年，南京博物院在赣榆盐仓城遗址考古发掘时发现炭化的稻粒；1995年，土城村汉墓出土核桃1枚，核桃通高2.60厘米，腹径1.70厘米，与现代核桃并无二致。炭化的粟、稻粒、核桃等这些出土实物成为研究赣榆汉代农业的珍贵资料。通过这些出土的农业文物，我们能够了解赣榆汉代农业发展的一角。

了解汉代赣榆农业离不开研究汉时赣榆的气候环境。赣榆地处苏北大平原北部，紧邻海州湾，境内水网密布，气候湿润，自然条件十分优越，非常适宜农业生产。靠海的便利条件使得当地百姓还能从事海洋捕捞和海盐的生

图5.6 1995年赣榆土城村汉墓出土的汉代核桃

产。赣榆的农业生产水平在汉代各县当中位于前列。竺可桢先生研究认为,战国时期的气候比现在温暖得多,秦和西汉时气候继续温和。根据他所绘的"五千年来中国气候变迁图"可知,西汉时期的平均气温要比现在高约1.5摄氏度。两汉之际气候趋于寒冷,东汉时期平均气温比现今低约0.7摄氏度。赣榆气候的变化同整个大环境改变息息相关,虽然各地变化差异有别,但影响农业生产是其共同的特点。

赣榆出土的农业文物及文献资料显示,商周时期赣榆已经开始种植水稻。赣榆盐仓城遗址内出土的炭化稻粒,经鉴定为籼稻。据汉代文献记载,结合赣榆地方相关资料推断,水稻在当时的赣榆并不是主要农作物,它的种植面积非常少,米对于当时的赣榆人来说是一种珍贵的细粮。汉代赣榆的主要粮食作物应是粟和小麦。东海县尹湾汉墓简牍载有东汉末年,东海郡"种宿麦十万七千三百[八]十□顷"。该郡有"户六万六千二百九十""口百卌九万七千三百卌三"。种植规模依现今计算标准为每户种植小麦28亩,平均每人5.3亩。虽然这个数字不是直接论述赣榆的小麦生产情况,但是赣榆、东海郡毗连一起,对推断赣榆小麦种植面积也具有一定的参考性。由于赣榆丘陵山区常旱,平原湖区常涝,沿海地区又为盐碱地,粮食产量较低而且不稳定。

粟在赣榆方言中称为"谷子",粟的种植面积要远远大于小麦的种植面积,民国时期赣榆仍然在种植。在赣榆发现的汉墓中,出土最多的粮食实物是粟。1972年连云港海州小焦山霍贺墓中出土了粟，1981年连云港市博物馆又在云台山新华大队汉墓中发现了同样的标本。从出土的实物标本可推断，汉代时粟在整个连云港地区是普遍种植的主要粮食作物之一。尽管小麦也是主粮之一，但尚未在该地区汉墓中发现小麦的实物标本。另外，赣榆、海州等地汉墓中还出土了核桃、板栗、枣子、杏子、葫芦等农产品，为研究赣榆的农业状况提供了借鉴和实物资料。

汉高祖刘邦建立汉朝之后，农业制度基本沿袭秦以来的封建土地私有制。由于多年战乱，人口锐减，生产遭到严重破坏，人们渴望和平安定的生产生活环境。刘邦深感民力贫乏，采取休养生息的政策，文景时期奉行"黄老学说"，推行无为而治思想，使汉代农业较先秦时期有了较大进步。汉代赣榆农业在政府主导之下也得到进一步的发展。

汉代，政府推动农业发展的措施：采取"轻徭薄赋"和"与民休息"的政策，调动了广大农民生产的积极性。汉代实行土地私有制，一定程度上保证了农业生产效率。再加上兴修水利、劝课农桑，发展农业技术，使得汉代农业得到了长足的发展，这在赣榆盐仓城城外墓地（即石岭古墓群）的考古发掘中已经得到了印证。盐仓城城外墓地目前发掘的墓葬均为汉代墓葬，出土了漆器、铜器、陶器、铁器等随葬器物，这些随葬器物也是汉代社会稳定、农业发展推动整个社会经济发展的缩影。

汉代赣榆农业的生产模式：既有拥有小块土地自己耕种的自耕农模式，也有通过土地兼并形成的地主农庄生产模式。在已经出土的汉代画像石和画像砖中，既有一家一户、男耕女织的小农劳作场景，也有集体耕作的场景，这些实物资料表明汉代小农经济盛行的同时，亦出现了地主和雇佣农民阶层。赣榆尽管没有直接出土类似的画像石和画像砖，但研究者普遍认为这种生产模式已推广到全国。赣榆的农业生产模式以自耕农为主，地主农庄的生产的模式较少。

古游水灌溉带为赣榆农业生产提供充沛的水资源：游水是淮水的一条支流，从今天的涟水县北到连云港海州西，经东海县的羽山西，往北经山东临沭利成村东入赣榆，经班庄镇古城村西，再往东北经塔山镇莒城，过海头镇盐仓城南，走柘汪镇柘汪村南，东经纪鄣城前入海。赣榆地处游水北段，游水为赣榆提供了充足的灌溉水源。农业的发展也促进了赣榆游水沿线城池的发展，古城、莒城、盐仓城、纪鄣城均位于游水沿线。农业的发展能够为城里的居民提供充足的生活物资。

汉代铁制生产工具广泛应用：汉时铁制农具较前朝得到更进一步的推广，汉武帝时期，冶铁业被政府垄断，铁器的推广更为迅速，不但中原地区普遍使用铁器，而且还推广到边疆少数民族地区。为适应农业发展的需要，铁制农具的种类不断增多，到东汉时已大量使用全铁制犁铧等农具以适应不同耕作需求。不仅生产工具使用铁器，生活器皿和日杂工具如灯、斧、炉、剪刀等也多为铁制。赣榆虽然没有出土铁制犁铧，但出土有汉代铁锅，这些都说明汉代铁器的使用已经相当广泛。

汉代牛耕技术的推广：《汉书·食货志》记有搜粟都尉赵过在陕甘一带推广牛耕技术的内容。在政府推动下，牛耕技术在汉代得到推广。徐州睢宁双沟汉墓出土的《耕耘图》画像石上，农夫一手扶犁，一手持鞭，赶牛耕田。身后一少年左手提篮，右手随耕播种。田头停着一辆装满肥料的大车，车旁一只家犬正卧地憩息。田间还有一人担着筐、壶，为耕种人送饭。这是汉代睢宁地区自耕农耕作的缩影，也是牛耕技术在汉代得到推广的表现。赣榆目前没有发现类似的画像石，但两地相距较近，土地土质、人文风俗相近，睢宁有的生产技术也会推广到赣榆。

虽然赣榆出土有关汉代农业的实物资料不是很多，但从目前出土的谷粒、核桃等文物标本，结合相关文献，我们可以勾画出汉代赣榆农业发展的基本轮廓。汉代赣榆农业较先秦时期已有长足的发展，这既得益于汉代较长时期和平稳定的社会环境，同时也是生产技术推广、生产工具革新、生产模式改进、水利设施完善的结果，这些新的元素为汉代农业的发展注入了新的动力。汉代赣榆先人为这片土地留下了大量的实物资料，赣榆博物馆内的馆藏文物大部分都是那个时代的遗物。出土的农产品让我们了解了汉代赣榆农业的基本状况，农业的发展也带动了当时赣榆手工业、制盐业等其他产业的发展，这些都成为我们研究汉代赣榆社会发展的"钥匙"。

六、赣榆汉墓与出土席镇

赣榆地处苏北平原北部，其西部、北部与山东接壤。旧石器时代、新石器时代文化遗址在赣榆境内多有分布。考古证实，早在秦代赣榆就已进入县制的行列。域内的盐仓城、土城等古城遗址,汉代墓葬群等赣榆先民的文明成果是赣榆厚重的历史文化资源。随着考古事业的发展,赣榆也出土了大量文物,其中汉代墓葬中经常发现的席镇是赣榆出土文物中的一大特色。

赣榆的席镇均出自汉代墓葬之中,汉代遗址地层中未曾发现。赣榆共出土席镇7组,其中5组完整,每组4枚,其余残缺,总计23枚。席镇通宽6.30~7.50厘米,通高3.50~5.50厘米,质量0.50~0.95千克不等。同一组席镇在高度、宽度和质量上并不完全一致,有细微的差别。除一组席镇为铁质材料外,其他均为青铜材质。铁制席镇氧化锈蚀较为严重,保存状况欠佳,青铜席镇保存状况良好。在7组席镇之中,出土于门河三里墩的鎏金席镇最为精美。此鎏金席镇重0.95千克,高4.5厘米,宽8厘米。铁制席镇赣榆出土较少,仅发现一套,重0.89千克,高3.45厘米,宽6.42厘米。考古表明西汉以后席镇逐渐没落,东汉发现的席镇多以铁为原材料,赣榆出土较少,这也从另一个方面反映出冶铁业的发展,铁器已被普通民众广泛使用,这也是当时社会生产力进步的表现。

图5.7 席镇正面　　　　　　　　　图5.8 席镇背面

赣榆出土汉代席镇的数量较多,赣榆博物馆保存席镇的数量在江苏省县区级博物馆中位居前列。一个区内出土如此多的席镇,这在全省乃至全国都为数不多。江苏省徐州、淮安等市下辖县区也有汉代席镇出土,因墓葬规格较高,出土席镇品质较为精致,但在数量上远不及赣榆。淮安市盱眙县大云山汉墓出土了一组错金虎型席镇,为江都王刘非生前拥有,非常精美。赣榆出土的席镇尽管品质上与之不可相比,但出土数量优势明显。

保存较为完整,品相较好是赣榆出土席镇的又一大特点。赣榆出土的席镇中除一组铁制席镇锈蚀相对严重外,其余青铜材质的席镇保存均较为完整。铁制文物的保存非常困难,这也是文物界的难题之一。赣榆铁制席镇出土时保存较好,但由于环境的变化,氧化锈蚀加重,基本形状尚存。青铜席镇,除鎏金席镇金层大部分脱落,局部稍有残破外,其余保存状况良好。

席镇造型丰富,形态逼真,做工精细,是赣榆汉代艺术品的代表。赣榆出土的席镇造型丰富,有虎、马、龙马合体等造型。这些动物造型呈盘曲状,并不是现实中动物的真实写照。它们形态各异,有的比较温顺,有的显得威严,是一种抽象化的艺术作品。特别是龙马合体型席镇,头是马头,长长的脖子又似龙身盘曲,有文物研究专家把这种龙马结合体上升为"龙马精神",是否与汉代当时所推崇的社会精神一致,仍有待探讨。

席镇早在西周时期就已经出现了。孙机先生结合陕西宝鸡茹家庄西周1号墓考古发现,证实该墓出土的席镇外层为铜质,近椭圆形,外部有饕餮纹,是目前国内发现的最早的席镇。春秋时期,席镇得到更为广泛的使用,材质多为金属和玉石。秦汉时期,用青铜制作的席镇较为流行,是中小地主之家乃至王公贵族日常生活必备之品。西汉文学家邹阳在《酒赋》中曰:"安广坐,列雕屏。绡绮为席,犀璩为镇。"以"犀璩"为镇,是当时贵族生活的写照,同时也是西汉社会经济发展的反映。

经济的发展,为席镇的使用提供了物质基础。两汉社会稳定,统治阶层轻徭薄赋,休养生息,百姓得到了相对和平的社会生活环境。赣榆作为汉王朝治理下的一个县,自然享受到了社会稳定、经济发展的"红利"。赣榆地处东海之畔,汉时海盐生产繁盛,为赣榆积累了大量的财富。西汉武帝时实行盐铁专卖,盐是国家的战略物资,盐赋是政府的重要收入之一。汉代赣榆的县城叫盐仓城,是汉代赣榆县用来储运和管理盐业的驻地,也是当时赣榆经济最为发达的地方。赣榆的席镇大部分出土于盐仓城周边的汉代墓葬中。靠盐业富裕起来的赣榆人对生活和审美有了更高的追求,对作为家居用品的席镇的要求也随之提高,重质量,讲美观,加上人们互相攀比,精美的青铜席镇、鎏金席镇、错金席镇应运而生。纵然砖头、石块也可作镇,但两汉经济的发展,物质的丰富使人们倾向追求更高品质的家庭生活。

两汉时期的生活方式，使得席镇成为日常生活的所需品之一。汉代赣榆人和全国其他地方人的生活习惯基本相同，都是所谓的"席地而坐"。但不是直接坐在地上，更不是像今天坐在沙发或者椅子等坐具上，而是坐在用芦苇、竹条、蒲叶等编制的席子上。床、榻、枰是汉代社会主要用于坐、卧的家具，这些家具及室内地面就座之处皆铺席。床、榻、枰铺席后，为了避免落座或起身时折卷席角，还要在其四角置一定的重物，这就是镇。《楚辞·九歌·东皇太一》曰："瑶席兮玉瑱，盍将把兮琼芳。"朱熹集注："瑶，美玉也。瑱与镇同，所以压神位之席也。"汉代是席镇发展的顶峰时期，多见金属材质和动物形状的席镇，反映了当时生产力水平和艺术鉴赏力的提高。

图5.9　席镇之一

图5.10　席镇之二

赣榆特殊的自然地理环境也是席镇广泛使用的重要原因。赣榆地处黄海之畔，气候温润，沿海滩涂植被茂盛，境内河流交叉纵横，水资源丰富。当地盛产芦苇、香蒲，因此赣榆百姓有用芦苇、蒲叶编席的习惯且一直延续至今。以芦苇、蒲叶为材料编织出来的席子，质量较轻，作为当时的日常用品，使用时往往不平整，如果席的四角用重物压上，既可防止席的四角翘起也方便使用。古语说："仓廪实而知礼节，衣食足而知荣辱。"随着生产力和审美水平的提高，人们对席镇的材质和外观的要求也在不断提高。席镇的材质有玉石、贵金属等，外观由素面到增加了纹饰，出现了动物、人物等造型，席镇的品质和艺术性得到了提高。汉代经济条件较好的赣榆家庭采购耐用、美观的金属物压席角，成为那个年代的潮流。

汉代崇尚厚葬也是赣榆出土席镇较多的重要原因之一。西汉是席镇制作及使用的鼎盛时期。大量出土实物和文献记载告诉我们，西汉人不只视镇为系压帷帐或席角的用器，也将它们视作辟邪祛恶的器物。推崇厚葬的汉代社会，把死者生前喜爱的席镇放入墓中，一举两得。席镇通常会放在死者的袖口内，这样的放法称"压袖"，有的会放在墓内幔帐四角，称为"压帐"。赣榆墓葬出土席镇的位置不尽相同，有的是棺内出土的，有的是在棺和椁的夹缝中发现的，尚无统一的规律可循。汉代社会视死如生，墓中往往会放入面目狰狞的怪兽以期盼保护死者的安宁，放入席镇一方面为辟邪，另一方面可能是镇墓兽的缩小版。

东汉时出现了铁制席镇，从中可以看出席镇的衰微。汉以后席镇也在发展，魏晋以后佛教盛行，椅子也逐渐传入中原，人们的起居习惯发生重大变化，人们由席地而坐变成垂足而坐，席镇逐渐失去了作用。但随着纸的出现和广泛应用，纸代替了简牍，文字载体发生改变，镇的作用也由压席角变为压纸角，称为镇纸，成为文人固定纸张的文房用品之一。虽然赣榆出土席镇较多，但尚未发现镇纸，可能与汉以后多战乱、人口迁移、经济发展缓慢、厚葬习俗淡化有关。

七、赣榆汉代砖瓦纹饰概说

赣榆境内中西部地区分布大量古代墓葬、遗址。因长期的社会生产、基本建设等活动，在这一地区的田埂边、灌渠中时常能够发现汉代的残砖断瓦。这些残砖断瓦上有的还带有各种各样的图形纹饰，如圆形、菱形、人形等，它们是推断墓葬历史年代的重要依据，也是反映赣榆地方文化延续的重要痕迹。收集赣榆出土的汉代砖瓦并对其纹饰进行研究和系统的梳理，能够归纳总结出其发展脉络，为研究汉代赣榆的丧葬制度、生产发展状况提供实物依据，同时也是对赣榆汉代砖瓦纹饰研究的阶段性总结，对丰富赣榆考古基础资料、研究赣榆古代历史文化大有裨益。

砖瓦是以泥土为原料，经高温烧制而成的一种建筑材料。全国各地出土的实物资料证明，我国在3000年前的西周时期，建筑用瓦就已经出现。砖也是在西周时期就开始使用在建筑上。战国时期的建筑遗址中，已发现条砖、方砖和栏杆砖等建筑用砖，品种繁多。条砖和方砖用模压成型，外饰花纹，瓦有板瓦、筒瓦、瓦当等。真正大量使用砖瓦则开始于秦朝。秦统一中国后，兴都城、建宫殿、修驰道、筑陵墓，烧制和使用了大量的砖瓦。到汉代，砖瓦材料的使用更为广泛，汉代的砖瓦多为青色，质量较高，砖瓦上还有各种装饰性纹理图案，其文字、传说故事等具有较高的艺术价值和历史价值。西汉中期以前，贵族及百姓之墓多为土坑墓，砖室墓尚未大范围流行。西汉中后期砖室墓逐渐增多，东汉时期砖室墓在全国普及，成为墓葬主流。

赣榆秦代设县，独立的县域经济体系早在2000多年前就已经形成，这为赣榆能够较早被开发提供了行政上的优势。赣榆与山东接壤，深受齐鲁文化熏陶。汉代墓葬、遗址的发现地大部分位于该区接近山东的中西部丘陵地带，主要集中在班庄、厉庄、金山、石桥、黑林等镇，其他地方发现较少。当地村民在生产活动中时常发现砖室墓葬，汉代遗址周边也经常出土汉代筒瓦等建筑材料。从目前采集的标本分析，赣榆发现的砖瓦主要属汉代砖瓦，少部分为六朝时期砖瓦，六朝及唐宋的砖瓦发现较少。汉代赣榆属琅琊郡管辖，尽管远离当时的政治经济文化中心，但根据赣榆隔壁东海县尹湾汉墓出土的简牍看，赣榆县人口数量、经济实力在当时属上等县之列。目前，赣榆发现的汉代砖瓦主要有以下几款：

子母口砖 砖的侧面为席纹，一端呈凹凸状。这类砖是用于墓葬的发券而专门烧制的。完整的砖室墓在赣榆地区均没有通过正规的考古发掘出土过，发现的砖室墓墓砖多是被破坏后遗弃于沟壑内、田埂上的残砖。赣榆境内的汉代砖室墓墓室结构、造型、规模尚不清晰。

长条大砖 长110厘米，宽27厘米，厚9厘米，正面为菱形几何纹。菱

图5.11 席纹

图 5.12　波涛纹

形几何纹组成四块正方形图案，图案之间由线条分割。这类砖为模制，做工较粗糙，主要发现于班庄镇境内的汉墓中，铺设于墓室底部，作为地砖使用。

画像砖　长 110 厘米，宽 26 厘米，厚 8 厘米，正面为狩猎采桑图。由于年代久远，加之图案较浅又不是考古现场出土，保存较差。这类砖发现数量较少，用于墓室何处还有待研究。

小片砖　发现于塔山镇庄留村的汉代古井内。古井的井壁均由此类小片砖砌成，长 30.5 厘米，宽 12 厘米，厚 4 厘米，侧面饰有菱形几何纹。此类砖较薄，纹饰也较浅，质量一般，保存尚好。赣榆汉代墓葬内尚未发现使用此类小片砖。

大片砖　多发现于墓葬内，长 34 厘米，宽 14 厘米，厚 5 厘米，侧面印有穿币纹、菱形纹等，花纹清晰，质量较高。此类墓砖是赣榆汉墓的主要用砖，带有纹饰的部分面向棺内，用于装饰墓室，也有当作墓室地砖使用的。

陶井圈　多为黄泥烧制，胎内含有粗砂砾，呈浅红色。井圈直径 80 厘米，厚 2 厘米，高 27 厘米。此类井圈赣榆境内多有发现，井圈形制基本一致，烧制温度低，内壁素面，外壁印有席纹。为陶制，保存状况较好。

其他残砖　带有各种纹饰的残砖发现较多，它们多是早年被破坏的汉墓的墓砖，经过多年土地耕作、风吹雨淋已不完整，大小无法判定，仅能看出部分砖有一定的厚度，5～8 厘米不等，纹饰残缺。这也是采集到的赣榆汉代墓砖纹饰大部分是残缺不全的主要原因。

汉代筒瓦 赣榆盐仓城遗址内出土较多，大小不一。因时期不同，造型、尺寸各异，表面均布有席纹，纹路清晰，质量较好。

汉代瓦当 赣榆出土的瓦当均属于汉代瓦当，有圆瓦当、半瓦当。圆瓦当直径14.5厘米，厚4.5厘米。半瓦当直径8.5厘米，底部边长17.5厘米，以汉代典型的卷云纹、草叶纹、菱形纹装饰。

图5.13 菱形纹

古代砖瓦的使用有一定规制，汉代，砖主要用于砌墓，少数用于砌井壁。筒瓦和瓦当等建筑材料多用于庙宇、官署等建筑之上，平民百姓较少使用。筑墓使用花纹砖与墓主人的社会地位、财富多寡有关。花纹砖的种类很多，规格也不同。砖上花纹组合有一定的艺术性，根据需要有的在正面，有的在砖块一端，有的在砖的侧面，但花纹一面均是朝向墓内，对墓室起到装饰作用，使墓室华丽美观，这也是汉代厚葬之风的一种表现。由于条件限制，目前搜集发现的砖瓦纹饰主要有11种类型。

（1）半圈纹。有单半圈、双圈，在砖的一侧，双排，大小间隔有规律的分布与"米"字线条、菱形等组合成花纹图案，这类砖纹饰发现较少。

（2）穿币纹。穿币纹汉砖在赣榆地区墓砖内发现最多，不同规格的砖上都印有这样的纹饰，有的制作精良，有的则较为粗糙。圆圈一般认为是铜钱的象征，线条相互交织、分割，形成有规则的纹饰。

图 5.14　穿币纹

（3）菱形几何纹。这类纹饰在赣榆汉墓墓砖内有较多发现，有单排、双排或多菱形纹与三角、矩尺、斜格等组合纹，还有叶脉纹、斜线三角纹、斜十字纹、网格纹等。此类菱形几何纹砖多制作粗糙，线条粗犷。

（4）席纹。席纹砖瓦在赣榆出土的古代砖瓦中也是较为常见的一种，正反双面均为席纹，厚度较薄，质量较差。席纹是故意为之还是因在草席上晾晒砖坯造成还有待考证。

（5）柿形纹。汉代墓砖上的柿形纹类似汉代漆盒盒盖顶部的柿形纹，中心和四周空白处各有一点。边缘配以卷云纹，因砖残，纹饰仅存局部，整体分布结构不详。

（6）几何太阳纹。实心圆外配一圈或两三圈的圆圈，寓意光芒四射，配以几何线条形成间隔。这类纹饰有两个类型，图案完整清晰，与其他单纯线条型纹饰相比显得较为厚重沉稳。

 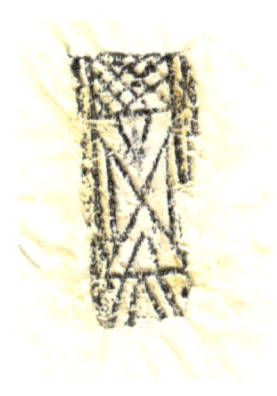 

图 5.15　灯形纹　　　图 5.16　疑似文字几何纹　　　图 5.17　几何太阳纹

图 5.18　菱形几何纹

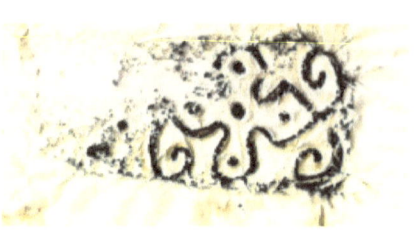
图 5.19　柿形纹

图 5.20　卷云纹

图 5.21　穿币纹

（7）疑似文字几何纹。一些墓砖的一侧有疑似文字的纹饰，似"吉"字，但是否为文字还有待进一步考证。两边分别配有网状纹和某种符号，整个纹饰表现出神秘的气息。

（8）卷云纹。赣榆出土汉代瓦当上饰有典型的卷云纹。基本结构由线条分割成 4 个区域，每个区域饰有不同造型的卷云纹，配以不同线条，圆圈辅衬。瓦当纹饰清晰，质量上乘。

（9）草叶纹。草叶纹也是汉代瓦当比较常见的纹饰。此类瓦当以中间突出圆钮为中心放射出双线条线将瓦当分割成规则区域，每个区域内勾勒出有银杏叶状线条，纹饰简朴庄重。

（10）灯形纹。这种砖因是在地表发现并非墓葬发掘所得标本，同一墓葬是否都用此类砖块尚不明确。砖的侧面有形似点燃的油灯的纹饰，三层心形火苗，灯下左右各配有一类似人形的舞者，似乎是在为亡者的灵魂祈祷，纹饰整体表现较为诡异。印有此类纹饰的砖厚 10 厘米，质量较好。

（11）动物造型。印有此类纹饰的砖呈楔形，上宽 16.5 厘米、下宽 21 厘米、长 32 厘米、厚 7 厘米。动物造型在窄侧部，由一只乌龟和两只羊组成。

两羊形态稍异,为一公一母,分别置于乌龟两侧,寓意阳归,以表达对逝者美好的寄托。

总体梳理,赣榆出土的汉代砖瓦纹饰较为简单,少细腻,多粗犷,这些特征与赣榆地区社会发展水平、文化取向、民风民俗息息相关。纹饰主要有穿币纹、席纹、菱形几何纹、卷云纹、柿形纹等,以简洁的线条勾勒出砖瓦的纹饰。这些纹饰也是汉代墓葬用砖较为流行的纹饰,带花纹的砖面向墓内达到装饰墓穴的目的。相比规格较高的同期墓葬,墓砖纹饰考究,有的还组合成传说故事,有的还有彩绘,勾勒出衣食住行、生产活动等图画。赣榆出土的墓砖制作相对粗糙,纹饰间组合无一定规律可循。

赣榆出土的汉砖,纹饰以几何纹为主,这种纹饰的特点是笔画简单,容易制作。目前,非几何纹的纹饰仅发现柿形纹、灯形纹等,无论是哪种纹饰,其制作方式均是模印,以满足大批量生产的需要。砖作为建筑材料需求量大,加之古代交通运输能力有限,尽管赣榆境内没有发现过汉代窑址,但基本可以推测赣榆的汉代墓砖应是本地或周边地区烧制的。

赣榆出土的汉瓦,纹饰主要是席纹、卷云纹、草叶纹等。汉代瓦当赣榆出土数量较少,赣榆博物馆内存有3件,质量较高。印有这几类纹饰的瓦当是汉代瓦当的典型代表,但形式多少又具有一定的赣榆地方特色,这些纹饰反映了赣榆人的审美情趣。在汉代,能够使用瓦当的建筑多为庙宇或官署,这类建筑在赣榆数量不多,因此出土的瓦当也相对较少。

图 5.22 汉代卷云纹瓦当之一

图 5.23 汉代卷云纹瓦当之二

赣榆汉代砖瓦纹饰是汉代文化元素在赣榆地区的一种表现，既有共性一面也有个性一面。赣榆出土的砖瓦的纹饰诸如几何纹、卷云纹在全国其他地方多有发现，是当时墓室、官方建筑普遍大量使用的纹饰。赣榆出土的砖瓦的纹饰与其他地方的纹饰又不完全一样，反映出我国文化的多元性。通过对赣榆汉代砖瓦纹饰的梳理，我们可以从中窥探出当时赣榆经济社会发展的状况。

图 5.24　几何文字纹

砖瓦纹饰是汉代赣榆社会进步的一种表现。汉代，整个国家进入相对稳定期，农民获得了休养生息的机会。经过汉初几代人的努力与积累，社会生产力与前朝相比有了较大进步，这也是赣榆出土汉代砖瓦较多的主要原因。砖的大量应用涉及原料的选取，烧制技术的不断改进。纹饰的出现更是人们在物质生活得到一定保障后在劳动成果上的集中表现。赣榆气候四季分明，雨水充足，东临大海，盛产鱼盐，是物产丰富之地。随着王朝更迭的战乱结束，赣榆也进入了较为稳定的发展期，其结果自然是物质的丰富和人们生活的逐步改善。

砖瓦纹饰是汉代赣榆农业发展的一种体现。古代中国是传统的农业社会，农业是每个封建政权的立国之本。汉代赣榆人在农业发展的前提下，物质生活得到进一步改善。汉代，政府非常重视农业生产，在政府推动下，流民得到安置，耕地面积不断扩大，先进的农业耕作技术得到推广。赣榆虽处边远地带，远离政治中心，但农业耕作技术在全国改进的大环境下也得到了相应提高。从已发现的古代砖瓦纹饰看，各种纹饰的绘制所折射出的社会状态是人们在物质生活得到一定满足情况下，人们对物质享受在现实与精神上的一种追求。

砖瓦纹饰是汉代赣榆人思想文化的反映。赣榆出土的砖瓦的纹饰是汉代赣榆社会价值取向和思想文化的一种符号，通过这些纹饰我们可以推测当时人们的文化生活状态。如穿币纹，赣榆汉墓中发现最多的一种砖纹饰，反映出人们对财富的追求和向往，也反映出当时的社会风俗，传说人去世后在阴间也需要钱财，因此用穿币纹墓砖表达对逝者的祝愿，也是家人对自身的一种慰藉。汉代，人们"视死如生"，崇尚厚葬，除了随葬器物丰富外，对墓室用材也很重视。墓室中的表现就是现实中的体现，只是换了一种表达方式，但确是古代人们思想文化的一种反映。这些砖瓦纹饰都是古代人们对美的追求，也是家人对逝者的一种良好祝愿。

因受诸多因素制约，赣榆汉代砖瓦纹饰仅搜集到上文提及的几种，但实际应远不止这些。目前发现的几种砖瓦纹饰基本是赣榆汉代砖瓦纹饰的代表，通过对这些砖瓦纹饰的归纳与整理，我们能够对赣榆古代砖瓦纹饰有初步的了解。梳理发现，几何纹是赣榆汉代墓砖纹饰的主流。卷云纹是赣榆汉代瓦当的主要纹饰，席纹是赣榆汉代筒瓦的专属。砖瓦纹饰是一个时代的文化符号，是当时社会思想文化的表现，代表着古代赣榆人对美的理解，同时也是

图 5.25　几何太阳纹

图 5.26　羊龟（阳归）砖

当时整个社会价值取向的一种表现。每个时期都有不同的价值取向和审美要求，所以造就了砖瓦纹饰不同的表现形式。对于赣榆汉代砖瓦纹饰的整理，地方研究者关注度较低，目前所做的梳理尚属对赣榆汉代砖瓦纹饰进行研究的起步阶段，这一领域还需要专家学者投入更多的精力去探索与研究。

八、连云港地区出土漆器综述

连云港是一座年轻的城市，城市的名字虽然历史时间不长，但名字下面的这方土地历史悠久。在我国古代漫长岁月里，海州在较长时间里是这里的城市中心，文化遗存丰富。锦屏山附近分布着新石器时代遗址及遗存，桃花涧发现了细石器时代遗址、二涧遗址，以及将军崖岩画等文化遗存。秦时，始设朐县。在此时期，此地经济繁荣，人口稠密，反映到考古现象上则是有众多的古墓葬在这一区域被发现。漆器在汉代盛极一时，是当时重要的生活用具之一，具有鲜明的时代特征。全国各地的汉墓中也出土了大量的漆器。近几十年来，连云港地区陆续出土了一些漆器，1993 年东海县伊湾汉墓、2002 年海州双龙汉墓均有漆器出土。赣榆土城汉墓、石岭汉墓，灌云板浦汉墓、龙胸汉墓中也有少量漆器出土。这些漆器的出土为研究连云港地区汉代社会风俗提供了可贵的实物资料。通过现代技术修复保护漆器，了解漆器的生产工艺，展现先辈们创造的文明成果，进一步增强了民族文化自信。

（一）出土汉代漆器的现状

连云港地区包括赣榆区、海州区、连云区、东海县、灌云县、灌南县，境内多有汉代漆器出土。海州作为连云港地区的重要古城，历史悠久，在古城周边多次发现汉代墓葬，出土了大批漆器。1973 年海州网疃庄西汉霍贺墓中出土漆器 20 余件，以出土的奁最为精美。奁内装有 7 个子奁，造型及大小各异，除一长方形子奁为木胎外，其余均为夹纻胎。吴窑汉墓、小礁山汉墓也有漆器出土。1994 年和 2008 年，两次在海州丹霞村曾发现汉代墓葬。连云港市博物馆内的许多漆器都是丹霞附近的汉墓中出土的。2017 年花果山新村西汉墓中出土了木俑、漆器等 20 余件。2018 年在海州张庄村发现大批古墓葬，已发掘清理 29 座，出土各类文物 250 余件（套），以陶瓷器及漆器为主，包括简牍、漆板砚等珍贵文物。

赣榆境内班庄、厉庄、金山、石桥等中西部乡镇分布着大量的汉代墓葬群。1979年在土城乡一汉墓中发现漆器1套，保存完好，均为夹纻胎。圆形大漆盒中放6个小漆盒，有圆形、马蹄形、长方形等。2012年赣榆博物馆抢救性发掘石桥镇石岭村一座汉墓，墓中也出土了漆器。漆器在石岭村的汉墓中多有发现，但大部分保存状况较差，糟朽严重。而在这座汉墓中发现的漆器浸泡于水中，保存状况较好。墓中还出土带有漆剑鞘的铁剑两把。在室内分离漆器时，发现大圆盒内还放有长方形、马蹄形小漆盒，略有变形和残缺。该墓出土漆器总体保存相对完整，器型与1979年土城乡汉墓出土的漆器器型基本一致。2016年南京博物院与赣榆博物馆在盐仓城聚落考古中发掘3座汉墓，均有漆器出土，但保存状况不佳，仅剩漆皮，无法提取。

1993年东海县尹湾汉墓群内出土一批简牍和漆器，墓群位于东海县温泉镇尹湾村西南约2千米的高岭上，面积约2500平方米。墓中除出土釉陶瓿、釉陶壶、铜樽外，还出土了漆耳杯、漆勺、书有"甲宋"铭文的漆凭几等漆器。从东海县曲阳城遗址、代相城古遗址、罗庄城遗址等古城遗址文化层看，文化层从春秋一直延续到汉代。灌云县为古海州属地，境内有新石器时代石棺墓葬群、龙苴古城遗址。陡沟汉墓群分布在灌云县龙苴、陡沟两乡境内，俗称"七十二墩"。其中大部分土墩已因改岭造田被毁，1990年仅存秃丫墩、白马墩、青龙墩等15座。土墩外观呈馒头状，直径15～20米，高1.5～3米。已挖毁的土墩中有漆器出土，是灌云县博物馆馆藏漆器的主要来源。灌南县目前尚无漆器发掘记录。

（二）出土汉代漆器的特点

连云港地区汉代漆器出土数量较多，与周边徐州、淮安、临沂、日照等地区相比漆器出土量也位居前列。海州区出土的漆器占全市出土漆器的百分之九十，连云港市博物馆馆藏漆器100余件（套），赣榆博物馆藏漆器近20件。尽管东海县和灌云县只有少量漆器出土，但总体上连云港地区出土的漆器数量可观。连云港地区出土汉代漆器的主要特点表现为以下几个方面：

连云港地区出土汉代漆器保存状况较好。特别是1979年赣榆土城乡汉墓中发现的一套漆奁盒，保存状况基本完好，在地下埋藏2000多年能保存如此完整在考古界较为罕见。这些漆器出土之后仅在连云港市博物馆做了简单的脱水处理就展现出汉代完整漆器的原始风貌。海州出土的漆奁盒保存状况相对较差，但大部分较为完整，精美程度稍逊于赣榆出土的那一套漆器。

图 5.27　1979 年赣榆土城乡
汉墓出土的漆奁盒之一

图 5.28　1979 年赣榆县土城乡
汉墓出土的漆奁盒之二

连云港地区出土汉代漆器器型较为丰富。从目前出土的漆器看有漆勺、漆耳杯、漆条屏、漆剑鞘、圆形漆盒、马蹄形漆盒、长方形漆盒、椭圆形漆盒、圆筒形漆盒、正方形漆盒、漆盆、漆尺等。汉代所能见到的漆器制品在连云港地区都有发现。海州作为连云港地区历史上曾经的政治经济文化中心，出土的汉代漆器在这一区域内最有代表性，出土数量多，器型也最为丰富。赣榆、东海、灌云出土的漆器器型是对该地区漆器器型的有益补充。

连云港地区出土汉代漆器多为夹纻胎。汉代漆器制胎工艺主要有两种：一种是木胎，另一种是夹纻胎。木胎的制法主要有三种：一是轮旋割削，二是刳凿，三是卷制。制作漆器时根据不同器型选择不同的制作方式。连云港地区汉墓出土的漆器经检测分析大部分为夹纻胎，只有极少数漆器如海州网疃庄霍贺墓、赣榆石岭村汉墓中出土的 2 件漆器为木胎。该地区出土汉代漆器制作方法上多采用卷制而成。

连云港地区出土汉代漆器纹饰较为繁富。纹饰更为复杂、生动。技法上还有使用金银箔剪贴表现动物形态，有的还刺有点状精细的线条，边缘通常有三个小圆点为一组的均匀间隔装饰纹饰。纹饰有蝌蚪纹、云雷纹、几何纹和几何勾连纹，加以线条分隔，描绘细致，有很强的装饰感。漆盒的盒盖顶部通常镶嵌有柿形金银箔片，四周装饰有羽人、瑞兽等图案。红纹黑底让纹饰充满着华贵、飘逸和神秘之感。

（三）出土汉代漆器的分布规律

连云港地区汉代漆器分布不均衡。从几个县区博物馆馆藏漆器数量看，连云港市博物馆馆藏漆器数量最多，海州作为古城周边汉墓分布较广，近几年时有汉代墓葬被发现。赣榆博物馆馆藏漆器数量位居全市第二，汉墓主要分布于中西部地区。灌云县、东海县博物馆馆藏漆器较少，灌南县博物馆尚无漆器入藏。李学勤先生将漆器总结为南北两种风格，南方漆器的特点是呈楚风，北方漆器以工艺见长，除南北差别外，还有东部风格，以山东临沂及江苏徐州、盐城、连云港等地汉墓出土漆器为代表，体现出淮夷地区的文化特色。

古城遗址周边墓葬出土漆器较多。从出土漆器的墓葬位置分析，凡是出土漆器多的地方，周边往往都有古城遗址，依据常识推断此地应为古城居民的城外墓地。如海州古城，古墓葬群分布于西自白虎山，东至孔望山，北起玉带河，南至锦屏山麓一带，20世纪50年代以来就陆续有汉墓被发现，出土了很多珍贵文物。赣榆盐仓城遗址，城外墓地分布于遗址西北方向1.5千米处的高岭一带，有大型的土墩，近几年发现了大量汉代墓葬，出土了一批包括漆器在内的汉代文物。东海县曲阳城遗址、代相城古遗址，灌云县的龙苴古城遗址，汉代墓葬分布情况基本一致。

汉墓等级决定漆器出土数量和质量。这一特点不仅是连云港地区汉墓特点，也是全国其他地区汉墓的共同特点。连云港地区出土漆器的汉墓大多随葬器物较为丰富，如1973年海州网疃庄西汉霍贺墓仅漆器就出土20余件；1993年东海县尹湾汉墓出土大量简牍轰动全国；2002年海州双龙村汉墓出土了凌惠平湿尸，成为考古界重大发现。赣榆石岭汉墓虽然没有重量级文物出土，但也出土了20余件漆盒等珍贵文物。连云港地区的汉墓出土漆器数量、质量与汉墓的等级息息相关。总体上有政治经济文化中心古城遗址的地方出土漆器的数量相对较多、质量较好。

（四）出土汉代漆器的现实意义

出土的汉代漆器增加了各县区博物馆馆藏文物数量。连云港地区的博物馆均属于中小型博物馆，馆藏文物数量有限，级别较低。各县区汉墓出土漆器既增加了馆藏文物的数量，也增加了馆藏文物的分量。中小型博物馆经费有限，增加馆藏文物数量最有效、最直接的途径就是通过考古发掘获得文物。漆器在汉代属于高档用品，只有经济条件较好、有一定地位的人才有机会使用，它的材料属于有机质，能保存2000多年而不腐非常难得。虽然连云港市县区级博物馆馆藏漆器数量不多，少数博物馆还没有漆器入藏，但漆器藏品无疑增加了博物馆馆藏文物的分量和质量。

出土的汉代漆器是了解汉代连云港地区丧葬习俗的重要途径。汉代社会"视死如生"，崇尚厚葬，漆器精美、高档，深受贵族喜爱。汉代人去世后往往会将逝者生前日常用品用于陪葬，这就为后人了解汉代社会丧葬习俗提供了途径。从出土漆器的墓葬中我们发现一条规律，漆器均发现于女性墓葬中，里面通常放有红色胭脂、铜镜、铜刷、篦梳等化妆用品和工具。由此可见，漆盒类漆器主要是作为化妆盛器使用，使用者多为女性。从汉墓中出土的耳杯、漆尺等其他漆器制品我们可以看出，漆器制品在汉代是被贵族广泛使用的一种实用器。

出土的汉代漆器是窥探汉代连云港地区社会发展状况的重要载体。桓宽《盐铁论·散不足》记载："一杯棬用百人之力，一屏风就万人之功。"制作一件漆器需要多道工序，费人、费力，这也就增加了漆器的价值。《盐铁论》中还有"一文杯得铜杯十"的记载。所谓"文杯"，就是绘有图案的漆杯，其价值等同于十个铜杯，足见其珍贵。由此可见，漆器在汉代的流行离不开政局的稳定、经济的繁荣，以及手工业和商业的发展。刘邦建立汉朝后采取休养生息政策，继任者推行黄老无为而治思想，给汉代社会集聚了大量的财富。虽不能证明连云港地区是否是漆器制作之地，但可以肯定的是，社会的稳定、财富的积累为该地区的漆器发展提供了物质保证。

出土的汉代漆器增强了文化自信，为连云港市申报国家历史文化名城提供实物支撑。连云港地区出土的漆器是该地区先辈们智慧的结晶，是连云港地区文化的载体，是连云港人文化自信的底气。一件件精美、华丽的漆器正是连云港地区悠久历史的见证者，也是连云港地区淮夷文化的承载者。它们是我国传统文化的优秀代表，是连云港也是中国文化自信的历史根源之一。目前，连云港市正在积极进行申报国家历史文化名城的工作，出土的汉代漆器正是地方历史文化的典型代表，也是连云港这片古老土地孕育出来的人文代表。

连云港地区出土的汉代漆器具有鲜明的地方特色，不论是数量还是质量在江苏乃至全国都有一定的影响力。通过对连云港地区出土漆器的全面分析，可以看出该地区漆器的分布是不均衡的。海州作为这一地区古老的政治经济文化中心，它的地位在汉代就已经奠定，直到今天它仍然担任着该地区重要的角色，依旧是连云港市的政治经济文化中心。汉代连云港地区漆器的发展和繁荣离不开当地人民的辛勤劳动，漆器是他们智慧与汗水的结晶。通过研究连云港地区的漆器，我们领会到传统文化的魅力，增加了对民族文化的自豪感。我们要更加努力发扬先辈们的创造精神，创造出属于我们这个时代的文明成果，为实现中华民族的伟大复兴做出自己应有的贡献。

第六章
盐仓城遗址发掘与保护

  盐仓城遗址被发现并确定为遗址以来，经历过多次考古调查和试掘，出土了陶豆、铜镜、箭镞、炭化稻粒等文物标本，出土的文物多存于徐州博物馆和南京博物院。2015年南京博物院在盐仓城遗址开展聚落考古研究，发掘面积500平方米，是到目前为止赣榆最大的一次考古活动，发现了石斧、石刀、砺石、陶拍、网坠、兽骨等一大批文物标本，为进一步研究盐仓城遗址的历史发展提供了实物资料。

一、盐仓城遗址基本概况

  在现今赣榆境内有春秋莒国都城遗址、春秋纪鄣城遗址、汉代盐仓城遗址等几处古代遗址。盐仓城遗址是保存最好、规模最大、延续时间最长的一座古城遗址。盐仓城历经发展、辉煌、衰败直至最后被人们遗忘在历史的角落之中。考古让我们走近了这座繁华尽落的古城，更让人们去探寻这片土地上的文明。盐仓城遗址位于连云港市赣榆区海头镇盐仓城村，传说因春秋时期莒国盐官驻此地而得名。《增修赣榆县志》记载明朝人刘守良辞官还乡，路过盐仓城时赋《过盐仓城》诗一首："劳人车马易黄昏，晚渡墟城逸思存。河自西南流入海，路从高下乱通村。鼓中日落处闻寺，荆棘秋荒半没门。为惜梳妆楼上草，年年留绿怨王孙。"从诗中可以看出当时的盐仓城虽废弃但还保留着大量地面建筑。直到清咸丰年间（1851—1861年），捻军一部退驻盐仓城，当地武装会同清军攻击捻军，这次战斗使盐仓城的地面建筑化为废墟。20世纪60年代之前，盐仓城遗址保存相对完整，四面城墙、护城河基本尚存。后经过各种社会生产活动，高处基本被挖为平地。2012年，南京博物院对盐仓城遗址进行了勘探，勘探发现盐仓城城址平面近似正方形，方向16°。

城墙系夯土筑成，外城墙周长约12 000米，内城墙周长约8 000米，四面城墙各有一门。现存西南、西北两处城角残垣，各高3～5米、宽4～5米。保存相对完整的一部分是遗址西北角一处被称为庙台子的地方，现高出地面3米，东西长120米，南北宽115米。盐仓城遗址1989年被列为赣榆县第一批文物保护单位，2006年被公布为江苏省第六批文物保护单位。

图6.1　盐仓城遗址

二、盐仓城遗址考古发掘

盐仓城1962年被确定为古城遗址，1980年江苏省文物部门对西北角被称为庙台子的地方进行小规模试掘。2015年9月经国家文物局批准，由南京博物院牵头组建省市县联合考古工作队对盐仓城遗址开展了赣榆迄今最大一次考古发掘。主要考古发现有：在遗址O4区域即庙台子遗址中心区，开5米×5米探方10个，发掘了解到O4区域主要为岳石文化至汉文化堆积区域。这一区域西周文化堆积最为丰富，发现很多鹿角、牛骨、猪骨，出土西周时期人头骨1枚，发现8个西周时期的灰坑遗迹，3座西周半地下穴圆形房址，6个有规律分布的柱洞。出土岳石时期的石锄、石刀、石镞、砺石等石器37件，西周时期陶鬲、陶盆、陶豆等陶器46件。

城墙西北角N4、N5区域布4条探沟，通过发掘探沟了解到盐仓城遗址

图 6.2　西周时期灰坑，直径 116 厘米、深 44 厘米，出土陶片少许

城墙始建于西汉，最迟在宋代被废弃，城墙宽度约 35 米，采用平地叠累版筑方法。城墙破坏严重，目前只剩南城墙两个城角尚存，其余城墙地面部分已被毁。在解剖城墙过程中，在城墙护坡处发现宋代竖穴土坑墓 1 座，无随葬器物；清代墓葬 1 座，出土"康熙通宝"一枚。另外为进一步了解城墙脚下地层堆积情况，在 N4 区开 5 米×5 米探方 1 个，未发现灰坑、墓葬等遗迹。

1980 年江苏省文物部门在庙台子遗址试掘，除出土了陶器外，还出土了鹿角化石、炭化稻粒、骨锥、铜刀、铜印章、铜镜等文物，在遗址附近还发现石药碾、无字刀币、博山炉、铁权、画像石、大型汉釉陶壶等。2003 年在该地抢救性发掘汉代陶井 1 座。在遗址西南角，发现秦汉时期的作坊场地，出土大量铁渣。距离遗址约 300 米处为游水古道，发现过大量柞木，可能是当时古城的码头或造船遗址。

考古表明在 4 000 多年前，盐仓城地区就有人类活动，有专家认为是东夷先民羽夷的聚居地，到商周时期已经发展成为聚邑。秦汉时期，随着统一王朝的建立、社会生产力的发展，盐仓城已成为比较繁荣的城池，很长一段时间内是赣榆地区的经济、文化中心。隋唐以后盐仓城逐渐衰落，宋代被废弃，最终成为一个村落。

考古得知盐仓城遗址文化层堆积非常丰富，既出土了龙山文化时期的陶鼎、陶盆、陶罐和岳石文化时期的石刀、石铲等实物，也发现了商周时期的

第六章　盐仓城遗址发掘与保护

图 6.3　宋代墓葬，长 285 厘米、宽 52 厘米、深 35 厘米，见二层台，发现 4 枚棺钉

灰坑、谷粒、房址，汉代的筒瓦、板瓦，这些发现对研究赣榆聚落、古环境具有较高的价值。

　　盐仓城地区是赣榆早期文明的重要发源地。考古发现盐仓城遗址新石器时期就有人类活动，早期人类多选择临近河流的台地居住，那时的盐仓城也不是一座城，而只是一个聚居地，盐仓城附近 300 米左右有游水古道，离海岸线也不远，地势相对较高，是人们理想的定居之地。刘洪石先生认为，生活在赣榆的原著居民是东夷羽夷的一个部族，是句芒的后代，这个部族观天测相，较早地建立了天文学，并留下古代天文学的记录，也是赣榆县名由来的一种说法。早期生活在盐仓城地区的人们在采集、渔猎、农耕过程中同自然界不断博弈的同时也创造了属于自己的文明成果。

　　盐仓城是秦汉时期赣榆的政治、经济、文化中心。随着盐仓城地区发展成为人口聚居区，商周时期管理盐业生产的官吏就食于此。赣榆秦时置县，确立了独立的县域经济体。有汉以来，400 年的安定生活，使生活在盐仓城的人们有了更多的时间从事生产活动。汉代盐税是当时政府的重要财政收入之一，盐也是民众日常生活的必备之品。盐仓城是海盐的重要产地，这里的人们享鱼盐之利，富甲一方。从盐仓城城外墓地的考古发掘可以看出，有些墓主的随葬器物较为丰富，有陶器、铜器、铁器、漆器等，棺木厚大，大部分至今仍保存较好。汉代盛行厚葬之风，墓中丰富的随葬器物是汉代社会物质丰富的直接体现。

图6.4 盐仓城遗址发掘现场　　　图6.5 发掘出的盐仓城遗址探沟

盐仓城的衰败是多方面因素综合作用的结果。首先，东汉末年长期的战乱导致了中国历史上第一次人口大迁移，盐仓城位于南北交界地带，必然受到影响，大量人口迁移南方，使劳动力及盐业生产技术人员流失。其次，海退使原有的盐业生产设施逐渐被废弃。盐仓城的居民为方便盐业生产不得不逐海水而居之。最后，游水古道废弃造成运输成本增加。游水是古代流经赣榆入海的一条河流，由于黄河泥沙淤积等逐渐淤塞消失，隋唐以后的各种典籍中均不见游水记载。游水泥沙淤积对盐仓城的盐业运输影响巨大，陆路运输成本比河运成本高许多，同时其他地方盐业生产的兴起，使盐仓城慢慢退出了历史舞台。

三、盐仓城遗址出土器物

图6.6 F2ZD2：1 筒瓦　　　　图6.7 F2ZD5：2 筒瓦

图6.8　F2ZD5：1　筒瓦

图6.9　F2ZD6：2　筒瓦

图6.10　F2ZD5：3　筒瓦

图6.11　F2ZD6：1　筒瓦

图6.12　T0436②：6　陶鬲

图6.13　H8：3　陶罐

图6.14　H9：2　陶碗

图6.15　T0435③：6　陶盆

图 6.16　T0439④：5　陶鬲

图 6.17　T0439④：7　陶鬲

图 6.18　T0439④：11　陶碗

图 6.19　T0439④：12　陶碗

图 6.20　F2ZD8：1　陶豆

图 6.21　T0654⑥：1　砺石

图 6.22　T0740②：1　石斧

图 6.23　T0439④：3　砺石

第六章 盐仓城遗址发掘与保护

图6.24 T0640②：1 石刀

图6.25 H9：1 穿孔石刀

图6.26 T0636②：1 石锄

图6.27 T0646⑤：1 残石器

图6.28 T0740②：2 石锛

图6.29 T0640④：6 石锛

图6.30 T0640④：7

图6.31 T0641④：5

图6.32 H4：3 石纺轮

图6.33 H14：1 陶饼

图6.34 T0640③：1 石纺轮

图6.35 T0436②：1 石纺轮

图6.36 T0435③：2 陶拍

图6.37 T0640②：3 陶拍

图6.38 T0339④：9 陶拍

图6.39 T0339④：6 陶拍

四、盐仓城遗址保护规划

盐仓城遗址是赣榆先民创造的文明成果。尽管已被列为省级文物保护单位，但随着经济社会的飞速发展及自然侵蚀，遗址也正在遭受不同程度的蚕食和破坏。民居范围不断扩大，地面城墙遗迹逐渐萎缩，如何保护和利用盐仓城遗址值得我们深入思考和探索。

盐仓城遗址为省级文物保护单位，依据法规，需要编制保护规划并实施。为进一步地保护和利用盐仓城遗址，2019年在江苏省文物局支持下，赣榆博物馆编制了《盐仓城遗址保护规划（2015—2035）》（以下简称《规划》）。《规划》分为十二章，包括总则、专项评估、规划框架、保护区划、保护措施、环境规划、展示规划、考古研究规划、管理规划、规划分期、投资估算和附则等内容。其中，重点梳理出盐仓城遗址保护、管理、展示等存在的问题。文物保护问题主要包括：（1）文物本体缺失。受到铁路、高速公路等大型建设工程，以及村庄建设、农耕、开挖池塘等影响，遗址受到不同程度的破坏，地表遗存较少，遗址完整性总体上较差，历史格局不明晰。（2）保护措施缺乏。遗址现无保护措施，易受人为和自然因素影响，文物安全受到威胁。（3）文物保护与村庄建设存在矛盾。盐仓城村位于遗址本体范围内，村庄建设、发展与遗址保护存在矛盾。管理现存主要问题是缺乏专职管理用房和管理人员、缺乏文物保护管理条例，相关的文保资料需要进一步梳理汇编。展示现存主要问题有：（1）遗址裸露于郊野，展示利用设施缺乏；（2）缺乏展示体系，需科学规划遗址的展示内容和展示方式；（3）缺少展示设施、服务设施和展示交通等。

《规划》还对近期保护措施提出了建议：城垣、城壕和庙台子遗址本体范围内用地予以征收，现有的乡村建设用地、农田等调整为文物古迹用地，禁止农业耕种、开挖池塘、房屋建设等行为；结合保护区划调整，落实遗址的保护界桩，明确保护范围；清除遗址城垣、城壕及庙台子等遗址本体上的树木、农作物、临时建筑等，并种植浅根系植物加以保护。地表遗存周边通过种植浅根系绿篱或设置可逆防护围栏，防止取土等破坏行为；对保护范围内的裸土区域，通过种植部分浅根系植被等措施防止水土流失；对穿越地表城垣、城壕的非重要性机动车道进行限流；加强日常巡查、宣传，提升民众保护意识，防止非法的开采和破坏行为。

目前，《规划》已通过江苏省文物局验收，将在完善之后公布实施。

五、赣榆古县城变迁略探

旧石器时期，赣榆班庄葫芦山上就有人类活动，境内遗留土城、盐仓城等多个古城遗址，今日地表仍有遗迹可寻。秦统一六国后，全国推行郡县制，于是便有了今天所说的县城。赣榆历史上行政区划多变，县城也多随之更换、转移。通过对赣榆古县城变迁的全面梳理，厘清该地区历史文化的变迁，弄清楚与县城的变迁息息相关的王朝更迭、治理政策、自然环境等因素，勾勒出赣榆历史发展的脉络，为保护和利用文物资源以及文旅融合提供智力支持。同时通过对赣榆古县城变迁的梳理，研究古代该地区政治、经济、社会发展状况，寻找当代赣榆经济发展的文化根源，这对进一步提升赣榆的高质量发展大有裨益。

赣榆何时设县，在较长的时间内都有争论，多认为始于汉代。1973年，秦始皇陵刑徒墓出土"赣揄得""赣揄距"（秦汉"榆""揄"并用）两块瓦片，同时还出土刻有"平阴""平阳""兰陵"等字迹的瓦片。这些出土实物证实赣榆是秦代置县而非汉代置县。秦设置琅琊郡的同时设置其下属各县，自此赣榆开启了2000多年的县域历史。县作为基层一级的政府行政机构，其官吏驻地就是通常所称的县城。县城作为该县的政治、经济、文化中心有自身的城防体系。赣榆在历史上县名更改多次，所辖面积与今日赣榆有所不同，县城也几经变迁。

秦代以来，赣榆曾设置过赣榆县、利成县、祝其县、计斤县、怀仁县等县级行政机构。每一次的王朝更迭，都伴随着行政区划的调整，县城位置也随之不断地迁移、兴废。县城的使用汉朝时多则几百年，魏晋南北朝时少则几十年。县城作为基层的统治中心，通常不会轻易被废弃，异地新建往往耗费大量民力，除自然因素外，更多的是人为因素。赣榆因朝代更迭、行政区划调整，产生过多个县城，为赣榆留下了丰厚的文化遗产。

秦朝的历史较短，尽管开创了伟大的政治制度，但并没有留下多少文字记录，至于文献记载的琅琊郡赣榆县县城设在何地并无明确记载。西汉立国时设置的赣榆县县城位于故莒国盐官城，按照汉承秦制推测，秦时赣榆县的县治应在盐官城，现称之为盐仓城。赣榆至今还有秦始皇东游登秦山岛、树李斯碑、建秦东门的传说，有接驾山、下驾沟等与秦始皇有关的地名。盐仓城外1.5千米处还残留部分古代官道，传说能直达通秦东门，西通都城长安，此官道即秦代官方文献上所说的驰道。盐官城作为秦代的赣榆县城应无异议。

汉朝建立后调整了行政区划，在现今的赣榆境内设置了利城县、祝其县、计斤县、赣榆县，四县的管辖范围总体比现在赣榆所辖面积略大。唐朝李吉甫《元和郡县图志》记载：赣榆故城，名盐仓城，在县东北30里，汉旧县也，属琅琊郡。《嘉庆海州志》也载：县治北30余里，土垒巍然，由来莫考。《中国古今地名大辞典》解释：赣榆县，汉置，三国时废，故城在今江苏省赣榆县北，一名盐仓城。这些均是对汉代赣榆县县城盐仓城的记载。

图6.40　赣揄丞印　封泥

图6.41　赣揄令印　封泥

在盐仓城西南方向，西汉时也设置了一个县，名为计斤县，县城名为计斤城，现通称为土城。《汉书·地理志》记载：琅琊郡"计斤，莒子始起此，后徙莒"。莒国的国君在周朝初年受封为子爵，故称莒子，莒国的国都建于计斤，史称南莒。春秋时将国都迁徙到莒地。赣榆至今还有大莒城村、小莒城村两个村庄，应是莒国都城旧地即南莒在赣榆历史上的延续。《水经注》中也有"游水又左迳琅邪计斤县故城之西"的记载。因此计斤县故

图6.42　计斤丞印　封泥

城在今赣榆境内无疑。西汉设置计斤县时，莒城已被废弃多年，县治定在离莒城故址 2 千米的游水左侧，东汉初期裁撤。根据苏马湾界碑看，其范围大致为塔山、城头、班庄一带。

计斤县西南为祝其县，属东海郡管辖。《汉书·地理志》记为"祝其"，尹湾汉简记载为"况其"："况其吏员五十五人，长一人，秩四百石。丞一人，秩二百石。尉二人，秩二百石。令史四人，狱史二人，官啬夫二人，乡啬夫五人，游徼三人，牢监一人，尉史三人，官佐六人，亭长二十三人，凡五十五人。"祝其的吏员 55 人，较之隔壁朐县的 82 人少了 27 人。朐县长官设"令"，祝其长官设"长"。由此可见，祝其的人口不及万户，级别略低于朐县，面积也少于朐县。现在的班庄镇古城村即祝其县县治。

《嘉庆海州志》记载："水东出仓山，山上有故城，世谓之曰盐官城，非也，即古有利成矣。其城依山为基，水导出下西北流，为之武阳沟。"尹湾汉简记载："利成，吏员六十五人，长一人，秩四百石，丞一人，秩二百石，尉二人，秩二百石。乡有秩一人，令史三人，狱史三人，官啬夫二人。乡啬夫三人，游徼三人，尉史三人，官佐五人，乡佐五人，邮佐一人亭长三十二人，凡六十五人。"由此可以说明，利成是一个万户以下的县。利成县吏员 65 人，比祝其多出 10 人。其规模与祝其相当。利成城址与祝其城址相距 1 千米，古时位于游水两岸。西汉时置利成县，属东海郡。三国时属魏，废利成县升利城郡，辖赣榆、祝其、利成三县。治所设在现今的临沭县利城村。南朝刘宋建立后废。唐武德四年（621 年）复置利城县，属海州管辖。唐武德八年（625 年）并入怀仁县。连云港市博物馆藏有"利成长印"一枚。

东汉以后天下大乱，军阀割据。北魏设置怀仁县，旧城遗址在金山镇佃马厂村村北，因那里有座怀仁山，因此取名怀仁县，赣榆后称怀仁县由此开始。南北朝时期，由于北方战乱，中国历史上出现了第一次人口大迁徙。为躲避战乱北方大量的官吏、地主、士大夫侨居赣榆，不同时期设置了不同的侨县。南朝宋明帝在赣榆侨立了青州、冀州。北魏时设黄郭戍于现今的金山镇、黑林镇、莒南县一带。东魏置义塘郡于黄郭戍，领义塘、归义、怀仁三县，基本相当于现在的赣榆全境。南朝萧梁在今天的沙河镇城子村侨立高密县，东魏时更名为洛要县。北齐时移武陵郡治所于该地，领上鲜、洛要二县，隋初年废除。此类县治遗存现已无迹可寻。

第六章 盐仓城遗址发掘与保护

隋唐,全国大一统局面形成,整个社会进入相对稳定期。唐时赣榆称怀仁县,县治具体位置不详,学界有两种观点:一种认为在现今青口镇城子村,另一种认为在现今城头镇。南唐时期,怀仁县县城迁移至大金山下。北宋建立后,沿袭旧制。南宋建炎四年(1130年),怀仁县被金占领,金大定七年(1167年),废怀仁县改称赣榆县,县治在怀仁县旧址,即现今赣马镇城里村,后元、明、清、民国均依此沿袭。1948年赣榆县解放后,赣榆县人民政府将县政府设于青口镇,至此赣马作为赣榆县城被废弃。

在赣榆境内,几千年来不断上演着王朝更替带来的行政管理的变化和调整,以及县治的设置与废弃。从秦设置赣榆县至今,赣榆县治几经变迁,其遗址大多踪迹全无,留给后人的只有传说和故事,有的尚存遗迹,成为人们访古寻踪、探索历史的载体。目前,位置确切、尚有遗存的县城遗址主要是祝其古城遗址、土城遗址、赣榆盐仓城遗址、赣马老县城遗址。

祝其古城遗址位于班庄镇古城村西侧。《赣榆县志》记载:"古祝其原城为子母城,大城呈长方形,边长1华里,城内面积375亩;小城在大城西北角,呈长方形,城内面积45亩。"1962年,南京博物院考古调查记载:"古城址近方形,每边长约500米,北墙已圮,其余三面尚存,从断面上可以看到夯窝。城内土色灰,有绳纹筒瓦、陶罐和陶缸等残片,尤以城中较多。"1981年,城西北角出土铜镜、铁剑、五铢钱、陶器残片及陶水管等文物。

计斤城遗址位于塔山镇土城村,现被称为土城遗址。遗址大部分被村庄覆盖,总面积近52万平方米。现存古城墙三段,南城墙东西长720米,东城墙南北长710米、底宽27米,剖面显示墙体采用逐层夯筑法筑成,每层夯土层厚0.15米,部分夯土内留存有陶片。土城遗址的东南段是古城墙的拐角,保存状况较差。传说:"土城城内为棋盘街,共占地54亩,南北四条街,东西四条街。东西南北各长800米,墙外有6米宽的环城路,环城路以外有近40米宽的护城河,墙顶宽4米。"

20世纪60年代之前,盐仓城遗址保存相对完整,城墙、护城河等地表遗迹基本尚存。后由于土地平整、基本建设等人为活动,仅剩部分南城墙残迹。1980年曾对遗址内称作庙台子的地方进行小面积发掘。其文化层为三层,上层为秦汉文化层,中层为商周文化层,底层为新石器文化层。出土文物有绳纹板瓦、瓦当、铜镜、铁犁铧、炭化稻谷、陶器、骨器等。2012年,南京博物院实施苏北汉城考古调查项目时,对盐仓城遗址进行了考古勘探。勘探表明盐仓城城址平面近正方形,城墙系夯土筑成。西北部护城河残存部分,北部护城河被开挖成鱼塘。2015年9月,由南京博物院牵头组建省市县联合考古工作队对盐仓城遗址开展了赣榆迄今规模最大的一次考古发掘,发掘面积近500平方米,出土文物200余件。

赣马作为赣榆县城起于宋代,经历金、元、明、清一直到民国时期都是赣榆的政治中心,赣马作为县城的历史有1 000余年。元朝开始修筑赣榆城垣,明朝把土墙改为砖墙,城墙高6米,周长超过2千米。城墙外有护城河环绕,与玉带河形成水系,东流入海。明、清时期县城内有两横四纵街道。抗日战争期间,八路军攻克赣榆城,出于战争需要,城墙被拆除。

图6.43 清代赣榆县城南门匾额"迎薰门"

赣榆县城变迁的原因是复杂的,宋代以前时常变更,多次移地。县城的建设水平和防御能力与当时的社会环境息息相关。县城的变迁涉及区划的调整、交通变化、水源变化,是对该行政管辖权的辐射及自然地理条件等诸多因素的综合考量。总体上赣榆县城的变迁主要有以下几个因素:

(1)王朝更迭,这是导致县城变化的主要因素。从秦设置郡县到中华人民共和国成立后建立赣榆县,县城迁驻青口镇,每次政权更迭的变化无不带来行政管理的重置。秦首设赣榆县,汉承秦制并在原有基础上进行了调整,设置赣榆、计斤、祝其等县。后战乱不断,群雄并起,隋唐之际虽形成了一个相对稳定的发展期,但唐朝安史之乱后中原地区陷入了长达百年的藩镇割据的混乱状态，人口迁徙，文书牒谱多毁于战火。其间有关赣榆县治情况混沌不清，也无史料记载，直到宋代赣榆县城才稳定于大金山下，直到民国时期都未变更。纵观赣榆县城变迁史，可以认为政权的变化是县治变迁的主要原因。

（2）游水改道，这是影响赣榆县城变迁的自然因素。游水是流经赣榆的一条重要古河流。郦道元在《水经注》多次提及："游水以北迳祝其县故城西。游水又左迳琅邪计斤县故城之西。游水又北迳赣榆县北。游水又东北迳纪鄣故城南，游水东北入海。"它自西南流经现在的城头、塔山、海头，在柘汪入海。赣榆境内沿游水两岸分布5座古城，其中4座为县城所在地。之所以沿游水筑城主要是物资运输方便快捷。盐仓城产的原盐通过游水运往祝其城中转并发往鲁中南和豫皖等地。游水宋代前已罕见史书记载，说明游水的变道淤塞直至消失深刻影响古代赣榆县城位置的选择。随着游水的消失，沿岸古城逐步被废弃，新的县城最终定址于玉带河畔大金山下的现赣马镇城里村。

（3）经济重心转移，这是赣榆县城变迁的社会因素。伴随游水改道淤塞失去航运价值，到最后完全消失，古代赣榆内河航运逐步衰落。赣榆一带，南北无贯通河流，东西无高价值水运通道，水路交通基本丧失。陆路运输成为赣榆唯一能够选择的交通方式。便利的路上交通催生了新的经济中心，新的县城由此诞生。原沿游水经济带向东转移，赣马城里村背靠大金山，北临玉带河，居高临下，周边地势平坦，交通便利又大致位于县域的中心，因而成为赣榆县城的首选。因此，自宋代县治初设城里村后直到民国赣榆县城千年未变。

赣榆占据南北相交、海陆相连的重要地理位置，属于多种文化的交汇之地，其历史面貌具有多样性和独特性。区内的古县城文化遗存是赣榆数千年来历史文化长期积累沉淀的结果，也是赣榆地方人文演变的象征，更是赣榆古代社会历史发展变化的缩影，古县城对于赣榆具有重要的历史文化价值。其价值主要表现在以下几个方面：

（1）古县城文化遗址是弘扬赣榆文化、研究赣榆地方史的重要载体。研究赣榆文化、赣榆地方史离不开保存于赣榆境内的古县城文化遗址。通过这些历史文化遗址，我们能追溯赣榆文化的起源，管窥当时人们的文化和社会生活，梳理赣榆当地的风土人情，感触那个时代人们的精神面貌，了解赣榆历史上发生的大事件。历史记载和古县城文化遗址、考古资料相结合更能让现今的人们找到赣榆文化自信的渊源，让研究地方史的专家学者有了更多的研究史料，拓展更多的研究领域，扩大学术空间。

（2）古县城文化遗址具有重要的教育价值。历史文化遗址是曾经生活在这片土地上的人们创造的文明成果，也是他们争取自身价值的体现，对后人具有启迪和教育作用。古县城遗址作为赣榆古代历史文化遗存是开展传统文化教育的载体之一。我们民族的文化就是靠这些文化遗存一代一代地传承下来，生生不息，成为我们团结奋进的动力。看历史无限遐想，观今朝心潮澎湃，正是一脉相承的文化、精神，鼓舞和教育我们要保护好古县城文化遗址，发挥好历史文化遗存在社会教育、历史教育、爱国主义教育方面的价值。

（3）古县城文化遗址具有重要的考古价值。聚落考古的理论与方法在考古实践中已经取得了较大收获。赣榆境内遗留的古县城遗址特别是汉代的几座古城遗址为赣榆聚落考古提供了先决条件。进行汉代聚落考古，不仅能够推动赣榆地区的地域文明探索，还能够促进赣榆本地文化遗址的保护和利用。通过考古活动促进地方政府对文化遗址及古代墓葬保护的重视，同时也是鼓励当地群众保护文物的有力宣传，拉近了群众同考古的距离，提高了当地群众自觉保护文物古迹的意识。地方政府也能从考古中看到自身的文化优势，为当地经济发展注入新的文化内涵与新的经济增长点。

2022年中宣部等3部门发文要求全面加强历史文化遗产保护利用，让历史文化遗产在新时代焕发新生、绽放光彩，成为增进全民族历史自信与历史认知的重要源泉。古县城遗址是赣榆珍贵的历史文化遗产，是不可再生的历史文化资源，是区域文化底蕴和品位的历史见证。保护和利用这一资源，对于提高区域文化品位、继承和弘扬优秀的历史文化传统、有效推动文化旅游事业发展具有不可替代的作用。对于这些历史文化遗产的保护利用，我们要做好以下几点：

（1）加强基础工作，从整体上制定科学的历史文化遗产保护规划。不仅对现存的古县城遗址进行保护，对有价值的其他文化遗存也都应做到应保尽保；对已公布为文物保护单位的按"一处一策"的要求，分轻重缓急，逐个制定包括保护要求、难点、技术、经费、修缮年度等内容的专项保护方案，经政府批准后，分年分项实施；对尚未核定公布为文物保护单位的不可移动历史文化遗存，文物部门应尽快依法登记公布，同时也要视情制定保护规划，并监督所有者或使用者加强保护和维修。

（2）增强安全防范意识，把文化遗存安全落到实处。建立一支思想好、业务精、管理强的文博专业队伍，提高全区文化遗存保护水平。正确处理经济建设与文化遗存保护的关系，凡在文物保护单位和已普查登记的文化遗存点保护范围及建设控制地带内的基建项目，其立项、论证、选址等都必须征求文化遗存保护职能部门的意见，杜绝以牺牲文化遗产为代价的建设行为。

（3）加强对濒临毁灭的重要文化遗产的抢救性维修和保护。强化文化遗产安全防范工作，建立和健全文化遗产保护责任制。做好文化遗产的防火、防盗、防破坏工作预案并落到实处。同时加强文物执法，严厉打击盗掘文化遗产等违法犯罪活动。特别是古县治遗址面积较大，现存的古城墙面临自然侵害、水土流失等病害，有效保护它们免受病害侵蚀尤为迫切。

（4）增加财政投入，拓宽文化遗产保护思路和筹资渠道。加大文化遗产保护经费投入是突破文化遗产保护瓶颈的关键所在。保护文化遗产是政府义不容辞的职责，文保经费列入财政预算是《中华人民共和国文物保护法》规定的文保工作"五纳入"之一。文保经费应列入财政预算，并随着财政收入的增加而逐年有所增加。近年来，国家也加大了对历史文化遗产保护经费的投入，每年都有专项资金支持，为文化遗产保护提供了一定的保障。地方政府应结合实际情况积极申报。

（5）做好合理利用文章，充分发挥历史文化遗产资源的积极作用。坚持"保护为主，抢救第一"的方针，贯彻"有效保护，合理利用，加强管理"的原则。深入挖掘历史文化遗产蕴含的丰厚内涵，阐释中华文化的时代新义，让文物"说话"，让历史"说话"，发挥遗产资源以史育人、以文化人、培育社会主义核心价值观的作用。合理科学地开发赣榆古县城等古代文化遗产实现文旅融合，不仅能够推动当地经济和文化的发展，同时也有利于促进文化遗产本身的保护，两者相得益彰，形成良性循环。

赣榆2 000多年的县域史，经历了政权更迭，地理环境变迁，县城或置或废，兴衰之间造就了现今赣榆的历史文化遗产，这些遗产是赣榆先人留给我们的宝贵财富，是赣榆故土上的文化亮点。较为遗憾的是因早年保护意识不强，加之城市化、新农村建设等社会发展因素，赣榆县城遗址大都遭到不同程度的破坏，如何在发展中保护、在保护中发展是各级政府需要关注的问题。赣榆古县城遗址作为赣榆重要的文化资源，加强保护势在必行。现今，文旅融合已成为社会共识。赣榆古县城遗址资源经适当打造就能成为赣榆文旅融合的典范，成为赣榆旅游业的名片。如此，不仅能够挖掘赣榆古县城遗产的文化内涵，也能改善人居环境，带动周边第三产业发展，增加就业，提高群众的收入。当然这些需要一定的成本投入，同时也需要科学的整体规划。如能将赣榆古县城遗址资源打成片、连成线，形成一条文旅观光带，必将进一步促进赣榆经济、社会的高质量发展，也能让赣榆百姓享受到发展红利，获得更多的幸福感、自豪感。

第七章
赣榆其他地方考古发现

2000年以来，赣榆境内因生产活动不断有墓葬、遗址等人类文化遗存被发现，涉及黑林、金山、沙河、塔山、海头、班庄等镇。这些遗存总体保存状况较差，出土文物较少，多为被破坏后被迫抢救性清理。现将20多年来赣榆文物部门零星清理的墓葬、遗址的成果作简要介绍。

一、大兴庄新石器遗址

2022年3月3日，海头镇大兴庄村村民杨厥宪向赣榆博物馆捐赠了7件石器。据其介绍，这些石器是他在七八年前于自家承包的虾塘围堰边零零星星捡拾而得。经过现场察看，虾塘围堰一侧有黑色土层，地表有碎陶片，陶片多为黑色，较薄，质地较硬，判断为商周时期文化遗存。由于开挖虾塘，地层已被挖机翻动到生土层，只残留西侧作为道路的围堰部分没有翻动，遗址被破坏殆尽。从围堰剖面看，文化层单一且较浅，上层黑土，下层即为生土层。大兴庄商周文化遗址作为新发现遗址，其意义在于刷新了对赣榆沿海古人类遗址分布的认识，对研究古代赣榆海岸线变迁与人类活动具有重要的参考价值。

图7.1 石斧

图7.2 石锛

图7.3　石箭簇

图7.4　陶鬲足

图7.5　残石器

二、仲庄汉墓

图7.6　墓门

图7.7　墓道

2021年2月，在赣马镇仲庄村鱼塘堰发现疑似古代墓葬。经现场勘察，墓葬为古代砖室墓，鱼塘堰壁南侧暴露出两个墓门，两根电线杆插在墓室偏南处，墓室主体被覆盖于水泥路面之下。封堵墓室门的砖墙坍塌，两件残陶罐分布在倒塌的墓砖上。根据陶罐器型、墓砖的花纹，判断此墓为东汉晚期墓葬。由于墓室主体被覆盖于水泥路面之下，墓葬形制无法判断。根据露出的两个墓门推测，该墓规模不大，是赣榆境内较为常见的一类汉代砖室墓。

三、圈洪村汉墓

2000年，班庄圈洪村修路时发现一座土坑墓，此墓已被施工破坏。墓室底部铺有4块长条大青砖，长110厘米，宽27厘米，厚9厘米。大砖正面有四小块正方形菱形几何纹图案，图案之间由线条分割，模制，做工相对较粗糙。墓内无其他随葬器物。这类大砖主要发现于班庄镇境内的汉墓中，铺设于墓室底部，作为地砖使用。2021年7月、12月，圈洪村钟昌伦、钟昌任向赣榆博物馆捐赠收藏的大汉砖共计3块。圈洪村与祝其古城遗址相近，疑似汉时为其城外丧葬之地。

图7.8 钟昌伦捐赠汉砖

图7.9 钟昌任（前）捐献汉砖

四、西石沟清墓

2018年11月，在黑林镇西石沟村耕地里发现古墓，古墓部分坍塌，经清理后发现为砖室墓，长1.5米，宽1.2米，深0.8米，微券，顶口盖有一块石板。出土陶灯碗1件，圈足直径5厘米、口径11厘米，未见人骨及其他随葬器物。根据出土物初断为清代墓葬，以墓葬形制看或与佛教有关，推测墓主为佛教徒。

五、大沟埃古墓

2017年5月7日，在班庄镇大沟埃村发现疑似古代墓葬。墓葬位于一斜坡麦地边沿，已暴露出青砖和石头。经清理发现早期已被扰动，土层混乱，砖块混杂。墓葬为砖石结构，墓口由两块石头封堵，石头为麻黄石，石质粗糙且风化严重。墓中仅出土2件陶案足，墓砖及出土物有汉代风格但时间应晚于汉，初定为魏晋时期墓葬。

图7.10　陶案足

六、大站村汉墓

2016年，在沙河镇大站村清理出两座汉代砖室墓，均为单室墓，仅存墓框，墓顶情况不详，疑似早年已被破坏。出土铜镜1件，未见其他遗存。是否为墓葬群尚待考证。早在2000年，在沙河镇粮管所所处位置也曾发现汉墓，它们的发现为研究沙河镇历史提供了实物资料。

图 7.11　墓圹

图 7.12　出土铜镜

七、山前村汉墓

2014 年 4 月，在黑林镇山前村清理出一座相对完整的汉代砖室墓，墓圹用青砖砌成，印有菱形纹的青砖一侧朝内，墓底用青砖铺地，无墓顶。清理中，在墓室内填土中发现少量砖块，出土几枚锈蚀严重的五铢钱，未发现人骨和其他随葬器物，疑似迁葬或早年被人为破坏。

图 7.13 墓壁

八、东河北新石器遗址

2012 年,金山镇东河北村村民在平整土地时发现此遗址,江苏省考古研究所确定其为大汶口文化晚期的环濠高台遗址。遗址原有高台,大致呈圆角长方形,环濠围绕其一周。现存遗址东西长 160 米,南北残宽 80 米,面积约 12 800 平方米。此次发掘共出土、采集器物 18 件,其中玉器 5 件,石器 5 件,陶器 7 件。东河北新石器遗址出土器物为海岸地区的大汶口文化聚落研究提供了实物资料。

图 7.14 玉环之一

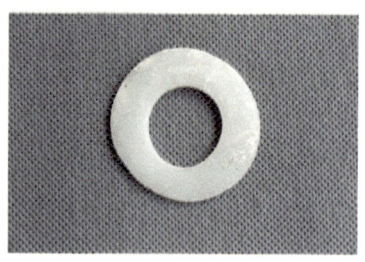

图 7.15 玉环之二

图 7.16 玉环之三

图 7.17 玉环之四

图 7.18　玉斧　　　　　　　　　图 7.19　石斧

九、庄留汉井

2012 年 5 月，塔山镇庄留村村民平整土地时发现此井。根据井砖形制判断为东汉时期古井。井沿部分已无存，上部由青砖砌成，下部分由烧制好的陶圈组成。砖结构内径 75 厘米，外径 85 厘米，井口呈正七边形，结合部竖楔一砖。砖与同时期墓砖相比较小且薄，侧面菱形纹饰与墓砖纹饰相似。砖长 31 厘米，宽 13 厘米，厚 4.5 厘米，两端有榫牟，共 12 层。砖下为陶井圈，共 6 层，层高 36 厘米，内径 80 厘米，沿厚 2 厘米，绳纹。井内未出土文物。另外，2015 年 12 月，海头镇白石头村村民取土时发现青砖及碎陶片，经连云港市博物馆清理发现陶井圈，沿厚 2.5 厘米，直径 60 厘米，井内出土完整小陶罐 1 件及部分碎陶片，综合判断为西汉古井。汉井在赣榆多有发现，为赣榆聚落

图 7.20　庄留汉井

考古研究提供了实物资料。

十、赵湖汉墓

2009年12月,金山镇赵湖村村民发现此墓,墓葬为砖室墓,砖砌墓圹基本被破坏殆尽,墓葬仅存有底部小部分。底部与地表距离约0.5米,推测墓葬顶部暴露于地表部分已被削平,整个墓葬已被破坏。出土带钩1件,未发现其他随葬器物,根据带钩及墓砖判断此墓为东汉时期墓葬。金山镇境内曾发现过汉代画像石墓。

图7.21 墓圹

十一、前石堰村商周遗址

2001年4月,金山镇前石堰村村民取土时发现陶器。现场勘察陶器出土点为一处350平方米的高土堆,东侧紧邻龙王河。文化层较单一,坑面上层为耕土层,厚17~20厘米;中层为商周文化层,土质较硬,含有大量鬲足、夹砂陶片和碎石块;下层为生土层。现场采集完整陶鬲、陶罐、陶碗、陶釜12件。此遗址的发现为研究龙王河与沿岸人类文化遗存提供了参考资料。

图 7.22 折腹罐

图 7.23 双耳圆底罐

图 7.24 三足陶鬲

图 7.25 平底陶罐

第八章

赣榆文物修复

一、石岭汉墓出土漆器修复

漆器在赣榆石岭汉墓中多有发现，但大都保存较差，无法提取。2012年抢救性发掘的汉墓保存完好，墓中除出土陶器、铜器、五铢钱等文物外，还出土了漆器。这座汉墓的漆器浸泡于水中，保存相对较好，能够完整提取，后送湖北荆州文物保护中心进行修复。

石岭汉墓漆器出土于一对夫妇合葬墓的女性棺当中，由于长期浸泡在水中，部分已经腐朽塌陷。在提取棺中文物时，发现泥土中有红色粉末，后经考古人员观察，认为其为漆器。除去淤泥之后，一圆形漆器的轮廓便呈现出来，于是整体提取至室内分离。同时还出土带有漆剑鞘的铁剑2把，铁剑出土

图8.1 铁剑

于男性棺中，一把腐朽严重已成碎块，另一把相对完整。这批出土漆器的主要病害为：胎体通体饱水、糟朽、残缺、裂隙、变形；漆膜残缺；彩绘残缺。

图 8.2　木篦梳

图 8.3　圆形漆盒

图 8.4　马蹄形漆盒

在分离漆器时，发现大圆盒内还放有长方形、马蹄形小漆盒，略有变形但基本完整。圆盒内清理出大小铜镜各 1 件，铜刷 1 件，篦梳多件，粘连在一起。墓中出土漆器总体保存相对完整，具有较高的修复和研究价值。

汉代漆器制胎工艺主要有两种，一种是木胎，另一种是夹纻胎，也有少数为竹胎。木胎的制法主要有三种，一是轮旋割削，二是剜凿，三是卷制，制作漆器时根据不同器型选择不同的制作方式。石岭汉墓出土的漆器经检测分析均为夹纻胎，器型主要是圆形、马蹄形、长方形，器型简洁，制作方法上采用卷制而成。

汉代的漆器往往施以花纹装饰。石岭汉墓出土的这几件漆器，采用漆绘方法，刚出土时色泽光亮如新，虽然在水中浸泡近 2000 年，但彩绘没有脱落。金银箔贴也是汉代漆器常用的装饰手法。石岭汉墓出土的漆器，每个漆盒的盒盖中间都有柿形纹痕迹，不知是金箔还是银箔，未发现脱落箔片。柿形纹数量不等，大的圆形漆盒上四个一组，其他小的漆盒上或两个一组，或仅有一个，数量多少主要依据漆器的大小和装饰的美观而定。

汉代漆器的纹样非常丰富，其中以流云纹、菱格纹、变形的蟠螭纹、旋涡纹等为主，线条飘逸流动。漆器的色彩多是红黑二色相间，热烈大方。西汉前期的漆器，花纹富丽而繁复；东汉的漆器，花纹简洁而朴素。石岭汉墓，

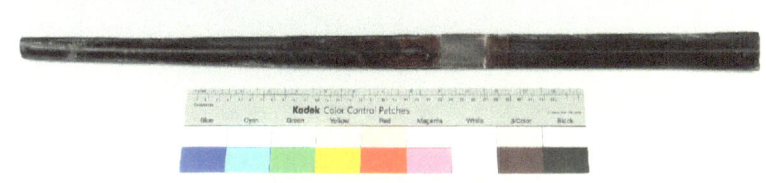

图 8.5 修复后的漆剑鞘

图 8.6 修复后的马蹄形漆盒

从出土文物标本可进一步判定其为西汉中期墓葬。出土的这几件漆器，漆盒盖顶部、侧面绘有龙凤纹，动感十足，盒盖中心嵌以柿形箔片，肩部纹饰用几何纹间隔，点缀蝌蚪纹，口沿用红色线条装饰，盒盖背面还绘有云雷纹。盒底侧面上下用红色线条分割，中间绘以凤纹。

西汉中期以后，流行在盘、樽、盒、奁等器物上镶镀金或镀银的铜箍，在杯的双耳上镶镀金的铜壳。镶嵌银扣、贴饰金银箔片的漆盒，在当时社会是较为昂贵的奢侈品，这也是汉代社会经济发展和社会富足的体现。

石岭汉墓出土的这批漆器主要病害是胎体通体饱水、糟朽、残缺、裂隙、变形，漆膜残缺，彩绘残缺。根据石岭汉墓漆盒的保存情况，这批器物主要保护修复步骤是：清洗、消毒、脱水、干燥、胎体修复、漆膜修复、彩绘修复、表面封护。清洗材料使用的是烷基多苷溶液；脱水的主要材料是乙二醛，脱水期间经常观测溶液及漆盒的变化；脱水结束后静置干燥，干燥期间对漆盒进行固形，干燥完成后再进行胎体修复、漆膜修复、彩绘修复和表面封护。修复期间操作条件为温度保持在15～30摄氏度，湿度保持在50%～80%。

（一）器物的清洗处理

考古出土的漆器大多腐朽或饱吸水分，如任其自行干燥，将会收缩、变形和开裂，甚至全部毁坏。出土后要尽量保持与其所处地下原有的环境相似，可用湿布、湿泡沫塑料将漆器包好，放入塑料袋内，或者将漆器浸没于纯净水中，待进行科学脱水处理。

器物清洗处理所用材料：硼砂、烷基多苷溶液、纯净水。所用工具：竹签、软排笔、喷壶、海绵等。

操作步骤是：

（1）配制3%硼砂消毒液，将要清洗的漆器完全浸入消毒液中，浸泡1小时。

（2）将漆器从消毒液中取出，放入纯净水中浸泡30分钟。

（3）将漆器放入2%烷基多苷溶液中，用软排笔对胎体进行反复清洗，目测洁净为止。

（4）最后将漆器放入纯净水中漂洗至pH值为中性。

（二）器物的脱水处理

根据石岭汉墓出土漆器的特征，选择乙二醛复合法进行脱水加固。乙二醛水溶液呈弱酸性，饱水漆木器能够承受其酸度。乙二醛聚合物与漆木器的纤维素、木质素的降解物发生交联反应，增强了漆木器的机械强度，能够保证器物相对长久保存。

器物脱水处理所用材料：乙二醛、引发剂、纯净水。将清洗干净的漆器放入已制备好的乙二醛复合溶液中浸泡。脱水时定期对器物进行观察，根据器物情况调整乙二醛复合溶液pH值，并加入助剂。待浸泡液达到平衡时，取出

图 8.7　器物清洗后

图 8.8　器物脱水后

脱水加固完成的漆器，对其进行表面处理，然后放在避光、稍通风、湿度变化小的环境中自然干燥。采用乙二醛复合法进行脱水能够保证漆器脱水前后颜色无明显变化，具有较好的机械强度，为后期修复提供了保障。

（三）器物的干燥固形

脱水完成的漆器，由于材质不同，在干燥过程中，胎体和漆膜局部会产生收缩现象，因此还要对器物进行干燥固形处理。

干燥固形所用材料：珍珠棉、纱布。干燥期间根据漆器大小用珍珠棉进行内部固定，外部再用纱布进行捆绑定形。

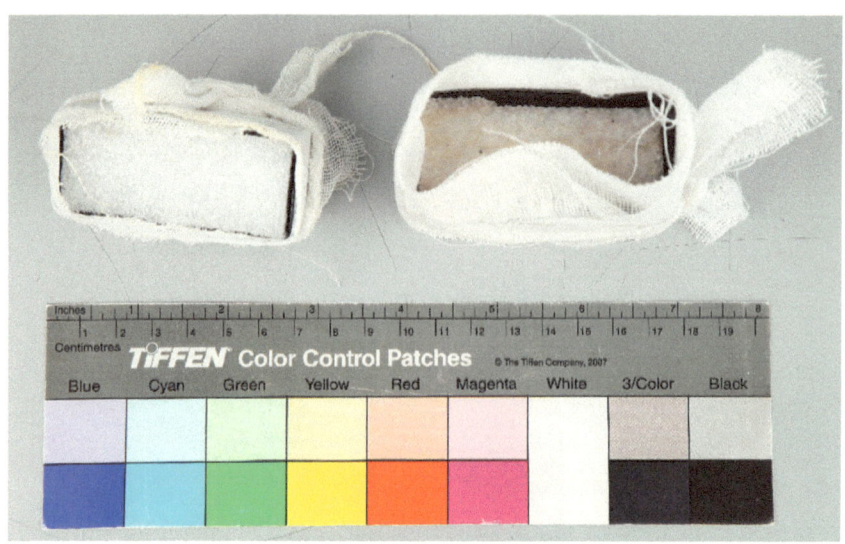

图 8.9 器物干燥固形

（四）器物的修复

漆器经干燥固形后就可以进入修复阶段了。修复以不改变器物的原状为原则，确保修补后能体现器物的原始风貌，最大限度地恢复器物的完整性。器物修复包括胎体修复、漆膜修复、彩绘修复。器物修复所用材料有大漆、木屑、瓦灰等。以图 8.10 中的长方形漆器修复为实例简单介绍一下修复的过程。

1. 胎体修复

采用大漆、木屑对长方形漆盒盒盖等进行补缺，补缺处干固后进行修整、

图 8.10　器物修复后

磨平。

2. 漆膜修复

对胎体补缺处、漆膜残缺处进行髹漆复原。首先髹底漆，底漆使用含水量较高的生漆，待生漆干后用砂纸进行打磨。打磨后用生漆调瓦灰，刮灰后再髹漆，共髹漆五遍。最后根据长方形漆盒漆膜的颜色配色漆，尽量做到所髹漆的颜色与长方形漆盒的颜色协调一致。髹漆遍数依据器物不同情况做不同处理。

3. 彩绘修复

依据漆器的对称性、连续性等特点采用生漆、矿物质颜料调配绘制。根据长方形漆盒的纹饰特点对残缺的花纹进行补全。对于不连续、不对称的图案只修到素面。

修复完成后，新修部位与原部位视觉存在差异，需要对新修部位进行局部的修饰处理，以达到修复器物整体美观协调的效果。

我国漆器制造已有 7 000 余年历史。制作漆器步骤一般是先制作胎体，然后磨光、髹漆、绘彩。漆器是复合体文物，吸湿性较强，膝皮与胎骨性能各异，因而修复比较复杂。在石岭汉墓漆器的保护修复过程中，根据漆器的保存情况分别进行了清洗、脱水、胎体修复等保护修复处理。经后期观察，修复完成后的漆器各项性征稳定，器物完整，保护修复的整体效果良好。

二、赣榆博物馆馆藏字画修复

赣榆博物馆馆藏一批由地方收藏家于 20 世纪七八十年代捐赠的字画。由于保存条件较差，字画破损严重。此次修复字画 33 套，总计 35 件，其中清陈鸿寿字联和民国姚士璋篆联为国家三级文物，其余暂未定级。此批藏品大部分存在污渍、皱褶、折痕、断裂、变色、微生物损害等病害，且有继续恶化的趋势，急需进行保护修复处理。

根据《馆藏纸质文物病害分类与图示》（WW/T 0026—2010），我们对 35 件字画进行病害统计和等级评估。这批纸质文物病害种类多样，病害程度不一，其中微生物损害 30 件，污渍 29 件，折痕 24 件，残缺 23 件，水渍 14 件，断裂 8 件。经过病害等级评估，轻度病害 7 套，中度病害 17 套，重度病害 9 套。

确定纸质文物病害后，需要对其进行色度检测。通过测定色差，可以定量了解污斑的颜色以及评估色斑对文物造成的视觉上的影响。保护修复前，文物总体处于酸化状态，为避免脱酸对文物造成二次伤害，修复采用水洗方式以去除文物中的部分酸性。我们采用温水清洗画芯的脱酸方式基本达到较为满意的脱酸效果。修复前还需对纸质文物进行写印色料溶解性检测，文物厚度检测。写印色料检测方法是用纯净水和无水乙醇将棉签润湿后，用棉签在文物的写印色料上轻轻擦拭，观察是否掉色。检测结果是 33 套文物中有 19 套色料稳定，无须固色便可进行后续修补步骤，14 套文物因色料溶解需采用 3% 黄明胶进行固色。文物厚度检测是采用 ZBH-4 测厚仪测量原画芯厚度及修复后画芯厚度，修复后画芯的厚度要最大限度地契合原画件的装裱厚度。

具体修复步骤主要有消毒灭菌、固色、清洗脱酸、揭裱、修补、托画芯、全色、重新装裱、拍照建档等 9 个工序。

消毒灭菌　该批文物存在微生物损害和动物损害，为防止交叉传染，需对文物进行消毒灭菌处理。采用低温冷冻杀虫消毒柜对文物进行灭菌处理。温度控制在零下 33 摄氏度至零下 48 摄氏度，时间为 48 小时。

固色　采用 3% 黄明胶固色。对有脱墨、掉色的字画采取固色处理以保证画芯的色彩以及印章不脱色、不扩散、不跑墨。

清洗脱酸　该批文物存在水渍、污渍、微生物损害和酸化病害，保护修复前需进行清洗脱酸。脱酸采用水溶液法。采用竹帘清洗，将文物放置在水槽中用温水清洗，根据文物的情况不同，调整清洗的次数，直至浑浊的水变清。

揭裱　将清洗后的书画翻转铺于裱画台，揭去旧裱的覆背纸及命纸。

修补　对画芯上残缺部位进行修补。选用姜思序堂制矿物颜料（赭石、藤黄、花青等）和一得阁墨水染纸，补纸颜色比画芯稍浅。修补时将破口处用刀刮成斜坡，然后用毛笔在残缺处内斜坡面上浆，将补料对准贴住。用棕刷或手指将补料粘牢，待干后刮掉多余部分。对于细小的残缺和极细的裂缝，无法刮口，则剪成小块或细条贴在残缺和裂缝处。

托画芯　托画芯前，根据画芯的颜色染好命纸，命纸颜色要略淡于画芯，然后托裱。画芯托好后上墙绷平，下墙后在背面贴折条加固折痕及断裂处，待贴折条干透后打磨贴折条两侧。

全色　画芯经过揭裱、修补后，还要进行全色处理。选用姜思序堂制矿物颜料（赭石、藤黄、花青等）以及问心堂细纯松烟墨进行全色，全色处颜色略淡于原画芯。

重新装裱　书画修复后根据画芯内容和大小酌情选择装裱形式，该批文物装裱形式分为4类，即立轴、横批、条屏和镜片。装裱使用的材料为安徽红星宣纸和湖州绫绢等。

（1）镶画。根据画芯尺幅选择适当的形制，画芯较小的可以采用双色装或三色装。根据画芯颜色，选用与之相匹配的色绫色绢作为镶料，方裁画芯和绫子，在画芯上抹浆，用手轻轻将绫子按压在画芯上，用绢压实，完成镶嵌工作。

（2）覆背。镶好的书画经卷边、上包首后覆背，选用棉连宣纸干覆背，晾干后上墙绷平。为防止画芯在覆背时发生脱落，在干覆背前期需要在画芯处垫一层薄宣纸。

（3）砑画、装杆。绷平后将书画下墙，打蜡砑画、剔边，最后装上实木地杆和实木轴头。

拍照检测建档　在文物保护修复过程中，要对每个步骤进行详细记录和拍照，保护修复档案按照《馆藏纸质文物保护修复档案记录规范》（WW/T

0027—2010)编写。

修复案例

清陈鸿寿字联修复

文物现状与病害评估 清陈鸿寿字联为三级文物，画芯纵 170 厘米，横 30 厘米，有装裱。画芯遍布微生物损害，且表面有大面积污渍和分布不均的水渍，中间有数条横向折痕，下联下方有一道明显的折痕。主要病害类型：微生物损害、污渍、断裂、水渍、折痕。综合评估：重度。

文物检测分析 （1）色度检测。修复前选择上下联画芯左下角及右上角作为测量点，使用 HPG-2132 便携式色差计测试其 L、a、b 值，保护修复完成后再次测试，并计算修复前后的色差 ΔE。结果表明清洗后文物整体明度提升。（2）pH 检测。选定上下联画芯左下角及右上角作为测量点，利用雷磁 PHBJ-260 酸度计检测修复前后的 pH 值，结果表明采用温水清洗画芯的方式可去除部分酸性，清洗后文物 pH 值提高。（3）写印色料检测。采用棉签分别蘸取纯净水和无水乙醇溶液轻轻擦拭文物的写印色料，发现此文物均未出现色料的溶解现象。无须采用固色手段。（4）画芯厚度检测。采用 ZBH-4 测厚仪测量修复前及修复后画芯厚度，显示修复后画芯厚度契合原画件的厚度。

保护修复实施 结合病害分析结果，对清陈鸿寿字联画轴现状做出以下评估：画芯遍布微生物损害，且表面有大面积污渍和分布不均的水渍，中间有数条横向折痕，下联下方有一道明显的折痕，需要修复并重新装裱。

根据前期文物的检测，采用竹帘清洗的方法清洗文物。清洗完成后，将画正面朝下用棕刷展平，然后慢慢揭去背纸以及命纸。画芯经过揭裱、修补后，选用姜思序堂制矿物颜料进行全色，全色处颜色略淡于原画芯。全色采用的矿物颜料有赭石、藤黄以及问心堂墨块。根据画芯的画意，用矿物颜料染制与画意相匹配颜色的绫、绢，常用湿染的方式进行染制，矿物颜料采用姜思序堂制矿物颜料。染制绫、绢采用赭石、藤黄以及一得阁墨汁等材料。

画芯和染制的绫绢自然晾干后,将其从墙上卸下,根据画芯进行算料。将下好的绫子镶在画芯四周,绫子的花纹和方向要统一。待绫子全部镶好后,方正绫边,卷边上覆背纸,卷边宽度为0.20厘米。卷完边后上包首和覆背,覆背纸采用红星净皮,棕刷刷实后,将签条和搭杆贴上,自然晾干。将画上墙抻平晾干,上墙时间为6个月。画在墙上完全干燥后,选择晴朗天气下墙砑画,装配天地杆。

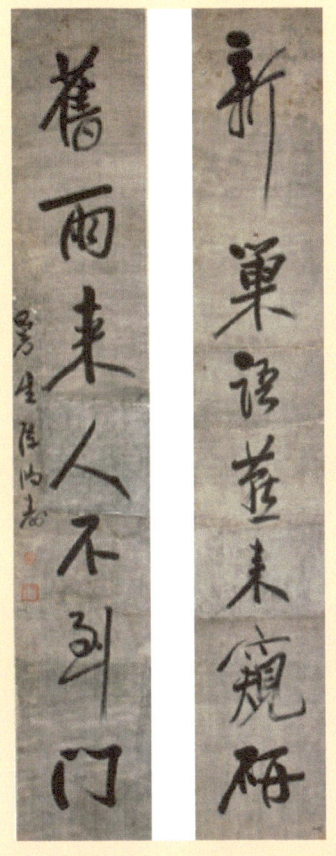

图8.11 修复前

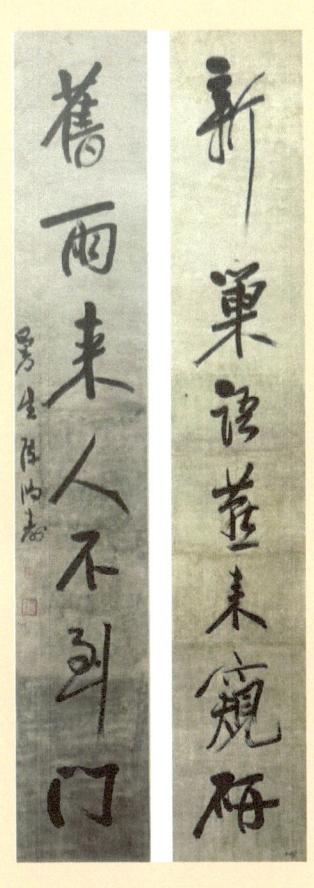

图8.12 修复后

修复总结 针对清陈鸿寿字联的实际病害情况,沿用传统书画修复工艺并以现代科技分析手段为辅助,采用对应的修复方案。首先对文物进行清洗和揭裱,残缺处用与画芯接近的宣纸为补料;贴折条加固画芯折痕处;

选用姜思序堂制矿物颜料和问心堂墨块进行全色，使画面色调协调统一。这幅字联文字处有三处较大的修复痕迹，形似补丁，导致文字错位，经过修补、正位与全色，几乎看不出修复痕迹。修复后，文物整体病害得到消除，达到较好的收藏展示效果。

纸质文物保存要领

基于"洁净、稳定"的文物预防性保护理念，建议为纸质文物配置无酸纸囊匣进行保存，或采用 RP 文物保护系统无氧封装保存，给文物创造一个相对稳定、洁净的环境。

根据《文物保护行业标准管理办法》《博物馆藏品管理办法》《博物馆藏品保存环境试行规范》等标准或规范化文件要求，纸质文物保存需注意事项如下：

1. 防止紫外线、有害气体、灰尘的侵害。紫外线容易引起纸张（丝织品）文物的纤维老化，因此在库房和在陈列展览时，应使用无紫外线光源，同时光照强度应低于 50 勒克斯。使用空气过滤设备，尽量减少空气中的有害气体，展室、库房、展柜、包装等使用符合标准的建筑装潢材料，定期用吸尘器清扫房屋，用软布、排笔清除文物表面的灰尘。

2. 温湿度控制。书画文物保存条件：温度 18~25 摄氏度，湿度 50%~60%，一般在常温条件下保存，但 24 小时的温差不宜太大，应控制在 ±5 摄氏度。若处于高湿的条件下，容易滋生霉菌，24 小时的湿度差应控制在 ±5%。

3. 防霉防虫。在库房保存期或陈列展览期，都要采取防霉防虫措施。文物库房内应随时保持清洁、通风。

4. 日常管理。针对纸质文物本体病害进行周期性的观察记录，发现问题及时解决。由专人负责纸质文物本体的日常养护，建立相应的工作制度。每季度对纸质文物进行一次细致观察，并做好记录，主要是发现病害及时记录并处理。每季度对纸质文物进行一次灰尘清理，防止纸质文物表面灰尘堆积，根据纸质文物本体上的病害的实际情况定期进行保护处理。

修复字画选粹

图 8.13　清　宋贞甫《古松》　　图 8.14　清　蒋康元《雨馀烟树》

图 8.15　清　蒋康元画

图 8.16　清　蒋康元画

第八章 赣榆文物修复

图 8.17 清 蒋康元画

图 8.18 清 蒋康元画

图 8.19 清 蒋康元画

图 8.20 清 蒋康元画

第八章 赣榆文物修复

图 8.21 清 蒋康元画

图 8.22 清 蒋康元画

图 8.23 清 蒋康元画　　　　图 8.24 清 蒋康元画

图 8.25　清　蒋康元画　　　　图 8.26　清　蒋康元画

图 8.27 清 金榕画 　　　　图 8.28 清 张士保山水画

第八章 赣榆文物修复

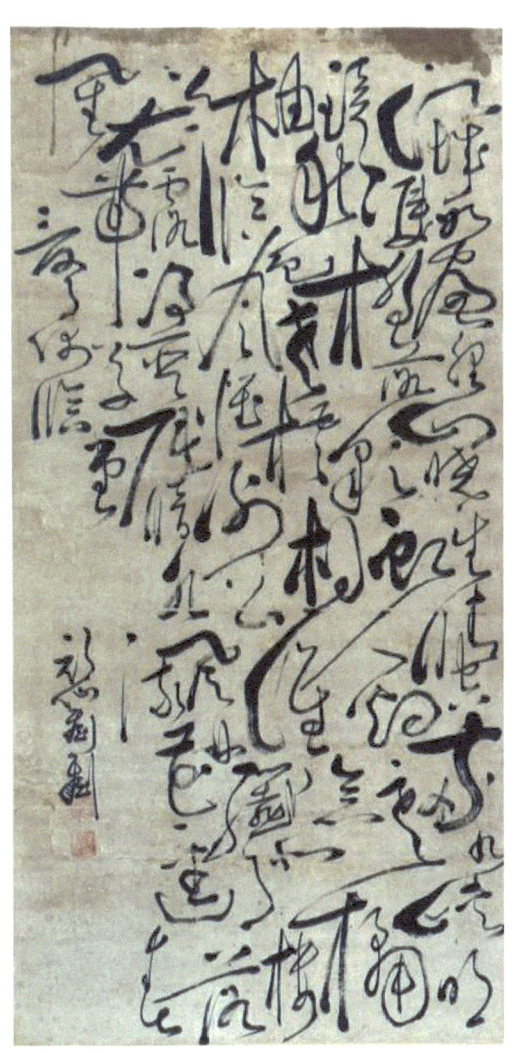

图 8.29 清 刘浏中堂草书

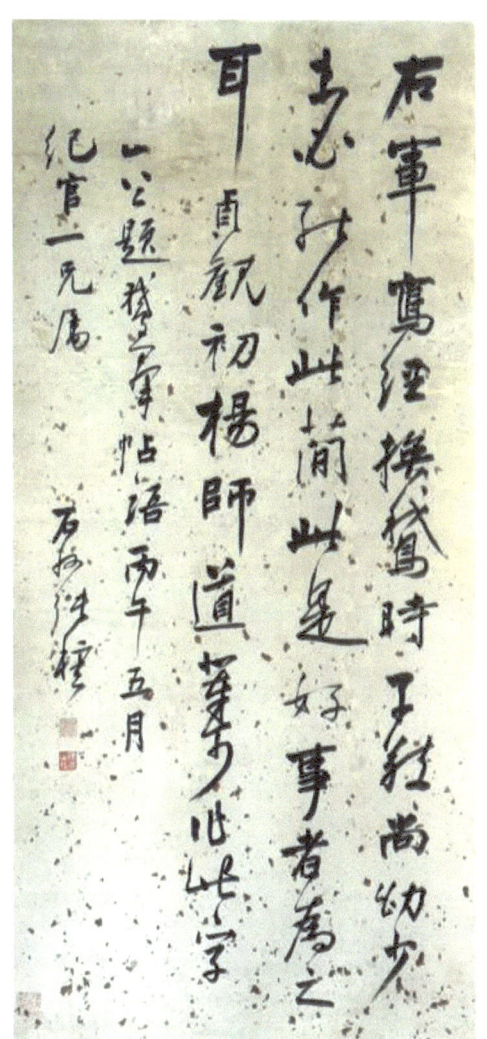

图 8.30 民国 张穆字

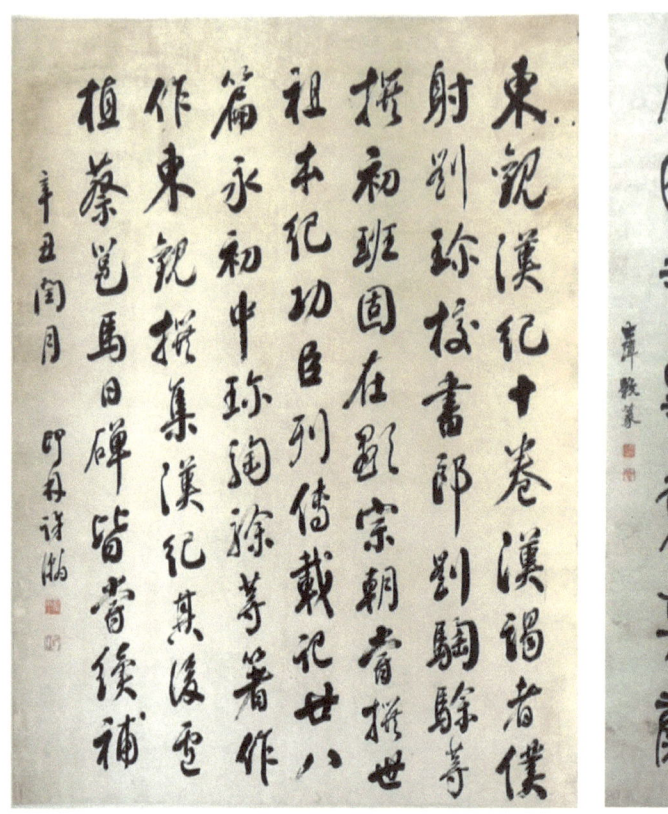

图 8.31　民国　许印林字

图 8.32　民国　姚士璋篆联

三、崔家巷古民居修缮

崔家巷古民居位于赣榆城区青口镇二道街内。清末，随着重开海禁，青口开港，南来北往的客商增多，在商业发展的推动下，逐渐形成一条新的街道——二道街。二道街的沿街店面早期既有砖木结构的起脊二层小楼，也有卧砖到顶并设有阁楼的小瓦房，下层为店面，上层作仓库，而且多为"前店后院"的建筑模式。建筑风格古朴典雅，具有鲁南风格。后来的二道街历经战乱、旧房改造等，原有建筑遭到严重破坏，早年建筑留存较少。崔家巷古民居是仅有的一处较多保持早年二道街原始风貌的建筑，但不是店面，而是民居。

崔家巷古民居始建于清末，具体年代不可考。民居坐北朝南，由东、中、西 3 部分组成，为一组木结构承重单层平房，建筑面积 152 平方米。东侧民居面阔三间 11.64 米，进深六届 4.42 米；中间民居面阔三间 6.81 米，进深六届 4.12 米；西侧民居面阔三间 9.36 米，进深八届 4.77 米。屋面为硬山顶小青瓦屋面，屋脊为花脊，前后檐口均为包檐。正贴梁架为标准金字梁，边贴梁架为简单金字梁。墙体为青砖，五顺一丁砌法，墙面为清水砖墙白灰勾缝做法，室内地坪为方砖铺地，油饰为传统桐油做法。

民居南立面正间大门上装有砖雕，雕刻精美，具有较高的艺术价值和赣榆地方特征。民居的金字梁做法，是区别于古建筑抬梁、穿斗、井干三大结构体系的一种特殊的木构体系，是赣榆乃至连云港地区传统木结构建筑的重要特征之一。民居南立面窗户外侧设木格窗，具有典型的地域特色。2011 年，崔家巷古民居被列为区级文物保护单位。

现场勘察发现崔家巷古民居总体架构尚好，但屋面多处漏雨、长草、瓦件破碎、缺失，木柱后期损坏，柱脚糟朽，门窗缺失，原来的清水砖墙被水泥覆盖，地面后期改动，木构件局部缺失、残损油饰脱落、褪色，正门砖雕缺失。具体病害表现在屋面、大木构架、小木作、墙体、门窗、地坪、石作和油饰等几个方面。针对病害，我们按照"保护为主，抢救第一，有效保护，合理利用"的文物保护方针，设计修缮方案。

屋面为硬山顶小青瓦，花脊，前后檐口设花边和滴水瓦。东西两侧民居屋面局部漏雨，屋脊整体保存完好，脊头局部缺失，屋面沉降变形长草、瓦件破损，檐口花边、滴水瓦局部缺失。中间民居屋面后期改为红色和黑色机制扳瓦。民居屋面望砖均霉变、发黑。

大木架，结构体系为木结构承重，正贴梁架为标准金字梁，边贴梁架为简单金字梁。民居屋架整体保存基本完整，桁条局部存在横向裂缝，脊桁下童柱穿枋缺失，大梁下托枋局部缺失，木柱局部残缺、柱脚糟朽。

小木作，前后檐口包檐，木椽为方椽，局部糟朽、下挠。

民居四周墙体为围护墙，青砖砌筑，五顺一丁砌法，外墙为清水砖墙白灰勾缝，内墙面为纸筋灰刷石灰水做法，正门上设砖雕装饰。东侧民居前后檐墙及东侧山墙均向外倾斜严重。整个民居的外墙面清水砖墙后期被水泥覆盖，内墙面纸筋灰粉刷层后期被改为混合砂浆刷白色涂料。正门上砖雕缺失，室内存有后期红砖砌筑的隔墙，西侧民居墙体局部破损。

门窗为木门和木短窗，木短窗外侧设木格窗。东侧民居仅存两扇短窗外侧木格窗，西侧民居短窗上部木过梁后期改为水泥板过梁，窗洞后期扩大，木门上部木梁缺失。中间、西侧民居木门、短窗、木格窗均不存。

地坪后期抬高，室内地面原为30厘米×30厘米方砖铺地。东侧民居原为方砖铺地，后期被水泥覆盖，中间和西侧民居地坪抬高后，后期由地砖铺地。民居石作为花岗岩材质，阶岩石保存基本完好。木构件油漆为桐油工艺，油漆剥落、褪色严重。

造成崔家巷古民居病害的主要原因是人为不当措施及自然力影响。保护措施是针对不同病害采取不同的保护举措，通过揭除屋面瓦件，清洗霉变、发黑望砖，加固裂缝桁条，墩接糟朽木柱，修补破损砖细雕刻，恢复缺失门窗等一系列措施实现修缮古民居的目的。

崔家巷古民居的修缮流程是屋面揭顶、清洗霉变望砖、检查屋面木结构残损情况、拆砌东侧古民居倾斜墙体、按原形重新铺设屋面并筑脊、中间民居恢复小青瓦屋面、恢复缺失木门窗、恢复外墙面清水砖面白灰勾缝做法、内墙面纸筋灰刷石灰水做法、恢复补修砖细雕刻、恢复原方砖地坪、所有电器管线改为金属管、木构件及门窗按原桐油工艺重新油漆。具体方法是：

大木构架　现存桁条、大梁存在横向裂缝，按照《古建筑木结构维护与加固技术规范》要求，对开裂桁条、大梁采用木条加环氧树脂嵌补，再用钢箍箍紧的方法进行加固。穿枋按原杉木材质恢复脊桁下童柱间缺失穿枋，规格为30毫米×100毫米。托枋按原杉木材质及规格恢复缺失托枋，规格为120毫米×80毫米。

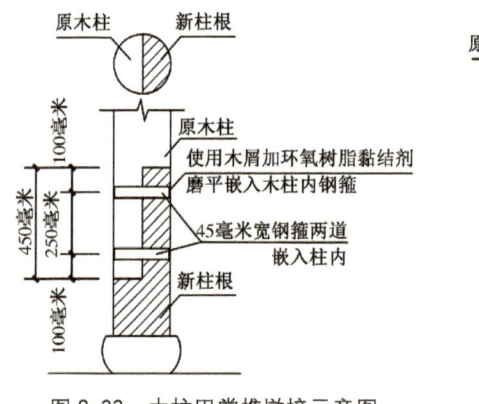

图8.33　木柱巴掌榫墩接示意图

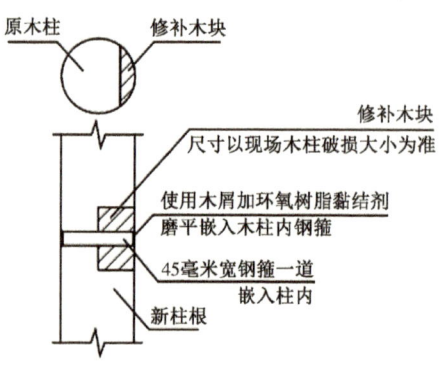

图8.34　破损木柱补修示意图

两根木柱柱脚糟朽高度为 430、520 毫米，未超过木柱高度的 1/4，根据相关技术规范要求，采取对糟朽严重木柱柱脚进行墩接处理的方法，墩接时采用"巴掌榫"，墩接柱脚采用与原木柱材质及规格相同的老杉木，对局部破损木柱采用木块加环氧树脂修补，同时用钢箍箍紧，修补木块采用与原木柱材质相同的老杉木，墩接木柱时对糟朽木柱柱脚部位周边墙体进行小范围拆除，待木柱柱脚墩修补完成后按原墙体砌筑方式重新砌筑。对于小木作按照原杉木及规格（50 毫米×70 毫米）更换糟朽、下扰木椽。木构件按原桐油工艺重新油漆。

墙体 墙体的修缮是该处古建筑修缮的重点之一。根据古建筑保存状况，修缮过程中针对不同病害采取不同的修缮方法。对东侧古民居倾斜前后檐墙及东侧山墙进行拆砌处理。拆除倾斜墙体前，在室内搭设满堂钢管防护架，将梁架固定于钢管防护架上。对西侧山墙进行支撑加固处理，方法是使用木板紧贴西山墙，并用间隔 0.6 米的钢管斜撑进行支撑，同时记录前后檐墙及东侧山墙砌筑方式，将拆卸下来的青砖进行编号、记录位置，归堆存放。重新砌筑时按记录的编号、位置，按照五顺一丁实滚砌法进行砌筑，如有青砖破损需添补的，按原青砖材质及规格（260 毫米×110 毫米×70 毫米）进行添补。原结构在构造上无明显缺陷，仅为年久失修残损的，则按原状用原材料原工艺回砌，为提高安全性在薄弱处适当埋设拉接钢筋。新老砌体之间除采取压力灌浆修补外，还沿裂缝进行挖镶或增设加强拉接的竹筋、木筋、木梁或钢筋扒锔，东、中、西侧古民居外墙面恢复原清水砖墙白灰勾缝，内墙面纸筋灰刷石灰水做法。修缮时按照片资料恢复正间木门上部缺失砖细雕刻及修补破损砖细雕刻，拆除室内后期红砖隔墙。

门窗及地坪 恢复东侧古民居缺失木门及木短窗，样式参照照片资料同时结合民国时期赣榆民房用门的样式。铲除东侧古民居水泥地坪，恢复其下的方砖地面，铲除水泥地坪时禁止使用机械，需要更换的按原方砖材质及规格（300 毫米×300 毫米）更换。

根据当地长者讲述以及老照片，恢复门厅原木门、木窗、细砖雕墙等立面装修，根据消防要求，疏通整理民居周边的消防通道与排水设施，进一步加强综合消防排涝能力。室内配备符合国家标准的灭火器。重新布置室内电路，使线路整齐、安全、美观。

图 8.35　修缮后的民居

崔家巷古民居作为近现代赣榆地区的民居，整体风貌与江苏南部、浙江等地的民居相比较为简朴，结构并不复杂，为砖木结构，修造工艺是常用的传统工艺技法。修缮过程中，施工单位严格按照古建筑修缮"不改变文物原状"的原则，最大限度地保留原有构件。民居采用"揭顶不落架"的修缮方法，基本达到了预期效果，使百年老屋重新焕发了自身魅力，也为利用现有文物资源提供了基础保障。如能给民居配上围墙或围栏，加以树木点缀，不仅能够保护民居本体，还能增加民居古朴幽静的氛围，与周边环境相得益彰，突出赣榆老街即二道街街区的文化气息。

崔家巷古民居是赣榆现存的为数不多的古建筑之一。修缮崔家巷古民居始终坚持"不改变原状，最低限度干预，真实性、完整性"原则，做到所有构件采用原形制、原材料、原工艺、原结构进行修补或替换。对民居各个时期的特征及具有价值的物质遗存包括环境载体予以保护，在保证文物安全的前提下，避免过度干预造成其价值和历史信息的改变。修缮后的崔家巷古民居以其特有的历史底蕴、丰富的文化内涵、传统的修造工艺而别具一格，充分展现了文物保护的价值和意义。

四、赣马孙桥村石板桥加固

孙桥村石板桥位于赣榆区赣马镇孙桥村西南。桥体为南北走向，全长

11.5米，宽1.96米。桥墩四排，结构为"三竖一横"，横条石长1.92～2米，桥墩高约2米；桥面由九块条石铺就，其中有一块原石丢失，现为后人用水泥板替代。2017年清理河道时，施工方打捞出石雕螭首一尊，据说石板桥原有两组四尊石雕螭首。螭首残长0.82米，宽0.42米，厚0.32米，现保存于孙桥村村委会。石板桥坐落在大石桥河上，大石桥河为兴庄河上游河道，由于大石桥河、木头沟河、小泥河、毛庄河交叉汇聚，其流向并不规则，后经治理改道向东经兴庄口入海，下游称兴庄河。2018年，该桥被公布为连云港市文物保护单位。

为便于描述现场情况，现将桥墩自北向南依次编为①、②、③、④号墩，桥跨自北向南依次编为第①、②、③跨。

桥面　桥面原石丢失一块，即第②跨最西侧桥面原石丢失，现为混凝土的桥面板，色差明显，且混凝土板底部因受拉出现裂缝。经现场勘察量测，丢失原石长约4.1米，宽约0.6米，厚约0.25米。第①跨桥面最西侧的面板出现斜裂缝，裂缝已贯穿整个板厚。

桥墩和桥台　①、②、④号墩未见明显沉降，③号墩沉降明显，沉降20～30厘米。①、④号墩的部分八字护坡石经河水常年浸泡已自然丢失或沉入河底，导致桥头两侧土体滑塌严重。桥体与村里的水泥路之间为泥泞土路。

图8.36　③号墩沉降

修缮方法

1. 填筑土袋围堰（经现场量测，现水深约1.6米，围堰堆筑高出水面大于0.5米）并抽水形成无水作业面。
2. 用人工配合机械吊装拆除③号墩的上部结构，③号墩底部浇筑混凝土基础后重新安装③号桥墩，调整墩顶标高至和其余桥墩等高。
3. 墩底混凝土基础达到设计强度后安装③号墩石桥的上部结构，更换预制的混凝土桥面板为石板（尺寸为4.1米×0.6米×0.25米）。
4. 更换第①跨处断裂的桥面板（尺寸为3.66米×0.5米×0.25米）。
5. 浆砌石做南北2个桥台的八字护坡。
6. 桥台南北两侧铺设1米宽左右的石板路并延伸到村里的水泥混凝土路面。

图8.37 加固后的孙桥村石板桥

五、孙桥村石板桥年代考略

赣马自宋代到中华人民共和国成立前一直是赣榆县的县城。赣马作为赣榆县政治、经济、文化中心有近千年的历史，县城及周边地区都曾留下不少古代建筑。后经王朝更迭、外敌入侵等一系列变故，这些古代建筑基本被破坏殆尽，踪迹全无。第三次全国文物普查显示，散落在赣榆其他地方最多的古建筑是桥梁。赣榆境内河流较多，有作为赣榆护城河水系的玉带河，有从赣榆西部发源的大沙河、大石桥河等。有河便有桥，据不完全统计，赣榆全区曾有古代石桥40余座，这些石桥结构大都较为简单，有的桥具有确切的修造年代，有的信息不详，何时修建更是无从考证。

孙桥村位于赣榆区赣马镇西北方向，原名孙家桥村，因村西南有一座石板桥而得名，即先有桥后有村。石板桥位于大石桥河之上，曾长期是该村村民向南外出的唯一通道。孙桥村的石板桥桥体呈西南—东北走向，四墩三孔，由三层组成。关于孙桥村石板桥的修建年代众说纷纭，赣榆地方史研究者从文献的角度开展了考证，得出的结论为明代末期，文献依据主要是《赣榆县志》和《孙氏家谱》。地方史研究者在研读《孙氏家谱》后认为，孙氏"安乐堂"七世祖熙章于清康熙二十六年（1687年）从莒州避祸至赣榆，在赣榆老县城北遇此桥便在该桥附近定居。孙氏七世祖名曰"熙章"与当时年号"康熙"犯讳，在封建时代这种现象不被允许存在。研究者由此推断，孙氏家族迁入此地的时间应早于康熙元年，即早于公元1662年，推断该村的形成时间为明末清初，同时结合孙氏迁居于此时桥已存在，断定此石板桥建造时间为明代。

另外，《赣榆县志》记载，在明代，赣榆境内的大石桥河、玉带河，两河多次同溃，河溃之时，海头至赣榆县城和青口地带一片汪洋，百姓深受其害。明万历十八年（1590年）赣榆知县樊兆程两河同治，在大石桥村东筑坝截流，然后引河南下，至县城北折向东南入海。该工程在樊兆程之后又经历了知县徐应元、顾文炤后续施工，至万历三十九年（1611年），历时20余年，经三任赣榆知县之手，终于完成了这项水利工程。当时的赣榆县举人董志毅写了《三公河记》，并刻石立碑于大石桥河畔，以彰三公之德。鉴于县志的记述，地方史研究者推断，今天的赣马镇孙桥村的石板桥应为当时的配套工程之一。同时推测大石桥河系三公所治，时人为感谢他们的治水之恩，在桥梁的设计上采用了三三制的构思，以纪念三任知县的执政功德。通过这些零星的文献记载，地方史研究者得出的结论是石板桥建造年代为明万历三十九年（1611年）前后。

对于赣榆地方史研究者从文献角度对孙桥村石板桥的年代的判断，笔者作为文物工作者有不同的看法。从他们所依据文献看，其判断明显存在缺陷。

首先,《赣榆县志》中并没有明确记载此桥的建造年代和建造者。只是明确记载了万历十八年(1590年)赣榆知县樊兆程及继任者徐应元、顾文焰治理大石桥河的艰难历程,历时20余年几经反复,终于把河疏通,解决了沿河百姓频遭水患的问题。其次,为表彰三位赣榆知县的为民之举,当时的赣榆举人董志毅写了《三公河记》,刻碑立于河畔,但碑记中并没有提及在河上修桥之事。因此把修桥作为治河的配套工程,也缺乏有力的证据。最后,对于《孙氏家谱》,其序言所述多是传说,记载相互矛盾,与县志也无互相印证之处,而且老族谱并未提及修桥一事,20世纪80年代续谱时才将此桥的相关说法纳入其中,因而更不能作为石桥断代的参考依据。

从文物学角度分析,以出水的石螭首为依据,认为该桥原址确实存在一座明代石板桥,但明代石桥已被毁坏,现存的孙桥村石板桥应为清中后期重新修建,判断依据主要有以下几条:

(1) 2017年孙桥村河道清淤时在石板桥附近水域捞出石质残螭首一件。很多研究者认为此物件是石板桥体的一部分,早年脱落于河中。如果石螭首是桥的一部分,断定石螭首的年代就可以作为判断石桥建造年代的依据。与赣榆境内明确为明万历年间的"孔子相鲁会齐侯处"石碑及墩尚镇卢氏先祖明代墓碑相对比,石螭首的材质、颜色、风化程度均有类似之处,再结合全国其他地方出土的明确为明代的石制品,可以断定此石螭首为明代遗物。同时,出水的一块长条石板早年已断为两块,断层的材质、颜色与石螭首一致,应为同一时期同一地方开采的石材。

(2) 现存的孙桥村石板桥,石料质地不一,风化程度与石螭首不统一,桥面包浆与立柱包浆不协调。笔者推断现存的孙桥村石板桥并非明代原物,而是后代重新修造的石桥。出水的石螭首是石桥的一部分,而现存的石桥并没有安放它的位置,而且与螭首同时出水的还有3块不规则平滑石块,厚20厘米,面积约1.5平方米,其为桥头两侧护坡石,后坍塌于河内。从出土的石部件可以推断原先孙桥村确有一座明代石板桥,但或因洪水等自然灾害被冲毁,或因明末战乱、清军南下被人为拆毁。现存石板桥是后人利用原桥部分能使用的构件,就地取材,重新修建的结果。这种做法在河北满城汉墓、徐州龟山汉墓、淮安大云山汉墓出土的金缕玉衣及玉塞中均被考古所证实。出土的金缕玉衣的玉片及个别玉塞是用老玉改造加工而成的,这样的做法省时省工，节约成本。对于孙桥村石板桥而言，重修石桥在当时的社会条件下有较大困难。将老桥能找到的材料加以利用，最大限度降低了建桥成本，何乐而不为。现存石板桥在《赣榆县志》等官方文献中并无记述，但现石板桥为三层结构，在古代没有机械设备辅助下修建这样的石桥需要耗费相当多的人力物力。另据村民介绍，早年桥头还有一块石碑，20世纪"破四旧"时，石碑作为"四旧"而被毁坏，石碑内容不详。我们可以推断，石碑一定是功德碑之类的石刻，大概记录石桥的来龙去脉、修造的前因后果、捐资人的名单及捐款数量之类的内容。而且《赣榆县志》明确记载有清一代从未疏浚治理过大石桥河。因此，现存的孙桥村石板桥可断为清中后期修造，为民间乡绅集资重修的产物。

图 8.38　石螭首　　　　　图 8.39　断裂的条石

（3）当然，仅从一件石螭首判断原址存有明代石桥，依据并不是非常充分。如果石螭首不是石桥构件，我们则无法判断它是什么建筑上的部件及它有什么用途。如果是石桥的构件，从石螭首看，螭首老态龙钟，萎靡不振，判断为明中后期的作品。随着明朝国力衰落，内忧外患，明人已经丧失大明开国初期意气风发、锐意进取的精神气，艺术作品的内在精神，是国人精神的另一种展现，因此推测与螭首相配套的石板桥应建于明中后期，它可能在"三公治水"前就已经存在于大石桥河之上了。参照其他地方出土的明代同类的石板桥，石螭首部件应有 8 件或 4 件，置于桥墩横梁之上，头部向外，其作用是分解上游流水的压力,减轻水流对桥墩的冲击从而达到保护桥体的目的,同时也有美化石桥的作用。想必在石桥附近的水域应该还有类似的石螭首,如能再出土一两件这样的螭首,则更能充分证明螭首就是明代石桥的一部分。

孙桥村石板桥仅从文献角度无法对其进行断代,村内的传说、《孙氏家谱》零散记载为石板桥断代提供了一定的参考。对文物的断代主要采取文献与实物相结合的方法。尽管没有明确的记载,但通过察看桥体以及出水的相关石质构件,我们确定现石板桥桥址附近有一座明代老石板桥。综合现存石板桥的质地、风化程度,得出该桥为清中后期利用原桥部分材料重新建造而成。因此在申报市级文保单位时将其定位为明清时期古建筑是科学合理的,对于地方史研究者将其定位为明代建筑有失偏颇,缺少确凿的证据。

六、城头门楼河东桥修缮

门楼河东桥位于赣榆区城头镇柳沟村东,长 14 米,宽 2.4 米。桥面由 25 块条石组成,现缺失一块,条石大小基本一致,长 2.3 米,宽 0.4~0.5 米,厚 0.28 米。石桥共有 5 个桥洞,6 个桥墩,5 块石板纵向排列。据说石桥建于清光绪年间,是赣榆县城通往西部各乡镇的重要通道,长期以来发挥着重要作用。后因公路南移新建,桥梁逐渐失去通行价值。2018 年,该桥被公布为连云港市文物保护单位。

该桥中间跨南侧的桥面板丢失一块,丢失的桥石尺寸约为 2.5 米×0.4 米

图 8.40　条石缺失一块、桥头坍塌

×0.28米,桥体其他结构较为完整,沉降稳定,桥面相对平坦,基本完好。中间四个桥墩无明显高差,东西两侧的桥台护坡坍塌,部分石体滑落水中。

门楼河东桥修缮方案是在桥东西侧两个桥台处搭设围堰,重新码砌桥台护坡。同时采购新的桥面板一块,尺寸2.5米×0.4米×0.28米。由于此处机械设备无法进入施工,由人工配合滚木和撬杠将桥面板移运至丢失的桥面处,再用錾子凿调,直至新装的桥石与原桥面平整。

在实际修缮过程中,按照修旧如旧的原则颇费一番周折采购旧条石一块,尺寸与缺失条石基本一致,安装后基本无色差,效果良好。根据采购的条石包浆判断其可能还要老于现有桥面石。桥头两侧坍塌的石块重新砌正,八字护坡修整减少了水土流失,该桥的修缮基本达到预期效果。配以周边环境的整治,古桥韵味凸显,成为较为优质的人文景点。

图8.41　修缮后的门楼河东桥

七、门楼河东桥历史略述

门楼河为南—东北流向,为自然形成的一条小河。20世纪80年代以前,从赣榆青口向西通往班庄等地均需跨越门楼河。为方便交通,门楼河东桥在清代即已修建,成为赣榆向西的重要交通节点。据柳沟村村民介绍,该桥始建于清光绪十七年(1891年)。建桥时间并无明确文字记载,也无碑刻题记可寻，民间口耳相传的年代仅作参考收之。

门楼河东桥位于柳沟村东。距离西桥头 50 米处的一杨姓人家见证了门楼河东桥曾经的喧嚣。石桥是过往行人、马车的必经之地。该户人家头脑活络，在桥头修建青砖小瓦四间院落，开设酒坊酿酒，生意红火，逐渐成为村中首富。后因道路南移，门楼河石桥失去交通价值，酒坊也失去区位优势，另寻他处。如今酒坊的四间堂屋已被拆除，但过道建筑尚存，青砖墙、木棂窗、木梁依旧，只是屋顶青色小瓦换成现代机制板瓦。据现住户介绍房屋有 100 多年历史，房屋主体结构未变，只是维修了屋顶瓦片。此屋建筑风格与县城青口镇二道街民居一致，为典型的赣榆清末民初的民居风格。

至于石桥是否为光绪十七年（1891 年）修建，无从考证。是否经过后世维修村内长者也记忆模糊，知其来龙去脉者甚少。石桥结构稳定，桥面平整但出现一定的磨损，百年光阴基本无疑。石桥用料多为青色花岗岩，这也是清代建筑、碑刻等普遍采用的建材。该桥的一个特点是桥柱上部采用碌碡砌成，推测应是降低成本就地取材，后期维修所致。碌碡作为赣榆农村重要的脱粒工具，即使在 20 世纪七八十年代也不是普及的农具。村民们把如此重要的生产工具用作修桥材料足见该桥的重要性。门楼河东桥与赣榆沙河镇解放村的"百碌泉"有异曲同工之处。"百碌泉"掘于清道光年间，泉口呈方形，泉深 3 米，每面宽 3.33 米，井壁用碌碡砌成，每边 8 块，每层 32 块，五层到

图 8.42　百碌泉井壁

顶，共 160 块，因此得名"百碌泉"。水是村民生活的必需品，收集 160 个碌碡能够说明该井对生活于此的百姓有着非常重要的作用。

无论修桥还是挖井，在古代社会都是涉及民生的重要工程。对修桥做出贡献的人，组织者往往立碑颂德，以示表彰。关于门楼河东桥的信息较少，作为赣榆东西交通要道之一，是官修还是民造只能留给后人去遐想了，其背后的故事感兴趣的朋友可以继续探索发掘。

第九章

赣榆文物保护

一、赣榆博物馆文物预防性保护

文物预防性保护，是通过有效的质量管理、监测、评估、调控干预，抑制各种环境因素对藏品的危害作用，努力使文物处于一个稳定、洁净的保存环境内，尽可能阻止或延缓珍贵文物的物理和化学性质的劣化，达到长久保存文物的目的。2019年，在江苏省文物局支持下，赣榆博物馆对馆藏文物实施了预防性保护项目。

预防性保护实施前，对赣榆博物馆展陈环境进行了检测和评估。存在的主要问题是：湿度过高且湿度日均变化幅度较大，光照过强，环境调控手段尚不齐全；文物展柜密封性不够好，灯具的光照强度超过文物的光照强度标准，钢化玻璃的安全性能不足，主结构已经变形等。

此次项目的主要任务是建立离线检测分析系统，综合对各种文物保存环境因素进行定性定量检测分析；对展厅内落后且存在安全隐患的文物展柜进行更换，为文物展陈及文物保存创造更好条件；结合环境检测结果，制定环境调控方案，在展厅展柜内配置微环境调控设备，努力创造稳定、洁净的文物保存环境；为库房配置无酸纸囊匣、恒湿典藏柜和文物转运箱，提升文物保存质量，避免文物保存转运时受到意外损伤；针对现有保存状况，制定藏品保护监督管理制度，设立库房环境监控岗位职责，形成藏品保护管理、协调、监测、分析、处理、预案等一系列风险预控机制。

通过文物预防性保护项目的实施，赣榆博物馆的展陈环境、文物保存条件实现了质的飞跃，为更好地服务赣榆广大人民群众、传承赣榆历史文化奠定了坚实的物质基础，未来赣榆博物馆还将继续加大文物预防性保护方面的投入，建立规范化文物库房和数字化文物藏品管理系统，不断提升赣榆博物馆文物预防性保护水平。

图 9.1　超白夹胶玻璃展柜

图 9.2　漆器文物专用展柜

图 9.3 圣旨专用展柜

二、赣榆博物馆文物数字化保护

自互联网诞生以来,数字化的概念便耳熟能详。博物馆的数字化应用从初期建立网站开始,伴随科技进步其内容也不断丰富。目前,博物馆数字化的主要内容是博物馆数字化服务、文物数字化保护、数字化管理等。通过博物馆数字化建设实现文物永久保护、充分利用,同时使博物馆的管理更智能、更便捷。赣榆博物馆数字化工作起步较晚,无论展陈手段还是库房管理都与数字化相差甚远。

此次馆藏文物数字化保护的目标是应用三维扫描、高清拍摄等数字化信息采集技术,3D展示等新型数字化展陈展示与互动技术,移动互联网等新一代通信技术等现代技术手段,对馆内珍贵文物的数字化采集、加工、存储与管理以及数字资源利用等数字化保护环节进行能力提升,建设一个具有可扩展性、可靠性以及可维护性的文物数字化保护应用综合服务体系。通过文物数字化项目的实施拍摄高清二维文物图片 90 张,制作 20 套三维文物模型。建设赣榆博物馆文物智能化管理系统,提升了赣榆博物馆的数字化展陈设备手段及内容,丰富了展陈信息量,增加了展陈的趣味性和与观众的互动性。

第九章 赣榆文物保护

随着技术手段的不断创新，特别是 5G 等技术的广泛应用，给博物馆业带来了新的展陈手段，数字博物馆、智慧博物馆的概念进入人们的视野。这些新技术的运用确实带给观众崭新的视觉体验，让观众不进入博物馆就能线上参观展览，欣赏文物。特别是新冠疫情期间，人们在线就可以参观博物馆，带来了另外一种文化体验。数字化给博物馆的文物保护、展陈及藏品管理提供了更多的选择手段，为博物馆插上了科技的翅膀。在数字化建设方面，赣榆博物馆还处于起步阶段，与观众的要求还有较大差距，这也是今后博物馆努力的方向之一。

图 9.4 文物三维采集

三、赣榆县第一次全国可移动文物普查

第一次全国可移动文物普查是中华人民共和国成立 60 余年后，我国首次针对可移动文物开展的普查，是在我国文化遗产领域开展的重大国情国力调查项目。第一次全国可移动文物普查由国务院统一领导，集中技术和人才力量，对我国可移动文物进行全面调查登记，并建立全国可移动文物信息登记平台和数据库，从而实现全国文物信息资源的整合利用和动态管理，意义重大。赣榆县普查办根据江苏省普查办的统一部署，按时完成了各个阶段的既定工作。从 2013 年 9 月开始，赣榆县可移动文物普查工作有序开展，进展顺利，于 2015 年 12 月 30 日完成了全部数据的审核上报工作。

（一）普查成果

经过前期调查，根据《国有单位文物收藏情况调查登记表》反馈的情况，全县国有单位藏品主要有抗日山烈士陵园管理处 20 件、赣马高级中学 19 件、金山镇人民政府 30 件、赣榆图书馆 1 件、赣榆档案馆 34 件、赣榆博物馆 545 件。其中抗日山烈士陵园管理处、赣马高级中学、金山镇人民政府、赣榆图书馆、赣榆档案馆 5 家为非文物系统国有单位。通过这次可移动文物普查，完善了全县国有单位可移动文物档案，对原账册中部分指标项如质量、时代和规格不全的进行了补充，为每件可移动文物建立了"文物身份证"和管理体系。在文物普查工作中，对所有文物按照规范进行多方位的影像信息数据采集，建立了 200 GB 的馆藏文物影像信息数据库。国有单位在普查以后如有新增可移动文物均以这次普查的要求登录文物相关信息，纳入文物数据库管理体系中。

通过这次普查，全县国有收藏单位形成了文物登录备案机制和文物保护体系，加大了可移动文物的保护力度，保障了文物安全，进一步促进了文物资源整合利用，为丰富公共文化服务内容、有效发挥文物在全县经济和社会发展总体布局中的积极作用奠定了基础。赣榆县普查办的工作人员整天与文物相伴，不懂就问，不会就查，表现出积极好学的态度。老同志也不厌其烦地讲解，让普查办的工作人员很快适应了普查工作，增长了见识，开阔了视野。大家和书画、瓷器、铜器、钱币等文物交上了朋友，老、中、青互学互助，为普查队伍注入了新的精神气。2016年，赣榆博物馆获得江苏省第一次全国可移动文物普查先进集体荣誉称号。

（二）普查组织实施

2013 年 9 月，赣榆县成立了第一次全国可移动文物普查工作领导小组，以分管副县长为组长、相关部门负责人为主体成员，具体组织、协调可移动文物普查工作。领导小组下设文物普查领导小组办公室，办公室设在赣榆博物馆，博物馆馆长兼任办公室主任。文物普查领导小组办公室主要负责 3 年的普查工作。按照普查实施方案的要求，赣榆县政府办公室印发了《关于成立赣榆县第一次全国可移动文物普查工作领导小组的通知》（赣政办发〔2013〕68号）、《关于开展全县第一次全国可移动文物普查工作的通知》（赣政办发〔2013〕69号）及普查实施方案，对文物普查的实施做了细致的安排和部署，也为各国有单位配合此次可移动文物普查提供了依据。

这次可移动文物普查历时 3 年，各个阶段的任务不同。2012 年 10 月至 12 月，主要是制定普查实施方案、发布规范和标准及组织培训。2012 年 1 月至 2015 年 12 月，主要任务是以县域为基础，开展文物认定和信息数据登录。2016 年 1 月至 12 月主要是进行普查资料的整理和汇总、数据库建设及成果发布。赣榆县普查办按照江苏省普查办的统一要求有条不紊地开展各个阶段的普查工作。

赣榆县共有 6 家国有单位拥有藏品，县普查办重点调查这 5 家国有单位，按普查要求填写文物登记卡，仔细审核文物信息，确保无遗漏，无错误，及时解决他们在文物信息上传平台上遇到的问题。赣榆博物馆保管部对所有馆藏文物分别填写文物登记表，对文物的馆藏号、名称、原名、时代、类别、质地、级别、数量、质量、尺寸、来源、入馆时间及完残程度等信息根据藏品账册逐项填写，共完成540余条文物信息的登录及平台上传。

加强第一次可移动文物普查的宣传，让全社会了解文物普查工作。赣榆县普查办通过《今日赣榆》、赣榆电视台、赣榆网等本地主流媒体，加强对普查的社会宣传并取得了积极的效果。由于宣传到位，普查办上门调查阶段的工作得到了各国有单位的大力支持。赣榆县普查办还积极响应江苏省普查办的号召，踊跃向《中国文物报》投稿，分享普查过程中的心得体会。

（三）普查工作模式

确认普查单位名录。为了确保可移动文物信息的完整性、真实性和准确性，赣榆县可移动文物普查办公室从县统计局、县质量技术监督局等单位收集了全县各个行政、国企、事业单位共计620余家名录，进行确认、校对、分类和整理。赣榆县普查办通过上门确认、电话联系和咨询相关单位的方式，对各国有单位名录进行核实，最终明确普查的调查对象501家。

开展普查业务培训。2013年7月，赣榆县选派两名工作人员参加了江苏省组织的第一次全国可移动文物普查工作培训班。根据会议精神，赣榆县9月召开了第一次全国可移动文物普查工作推进会，县普查办对参加会议的各单位的普查员进行了普查培训。同时要求下属单位比较多的单位在本系统内部另行组织普查培训，以推动普查工作顺利开展。

文物认定。文物认定主要是针对赣榆县5家非文物系统的国有单位藏品进行认定，文物系统内部的国有单位不需要藏品认定。2015年7月，省、市、县专家组成的专家组分别对抗日山烈士陵园管理处、赣马高级中学、金山镇人民政府、赣榆图书馆、赣榆档案馆共计200余件藏品进行了认定。经过2天的仔细甄别，最终有100余件藏品被确定为文物。

文物信息平台上传。普查所得的文物数据都需上传到国家文物局第一次全国可移动文物普查专用平台上。为了提高数据的准确率，赣榆县普查办组织工作人员认真学习《馆藏文物登录规范》（WW/T 0017—2013），对每条文物信息逐一进行审核，对不能确定的信息，及时请教省市专家协助确认。在文物信息上传结束后，又根据上级普查办审核的意见，不断完善有关文物信息，确保上传数据全部合格。

图 9.5 文物认定

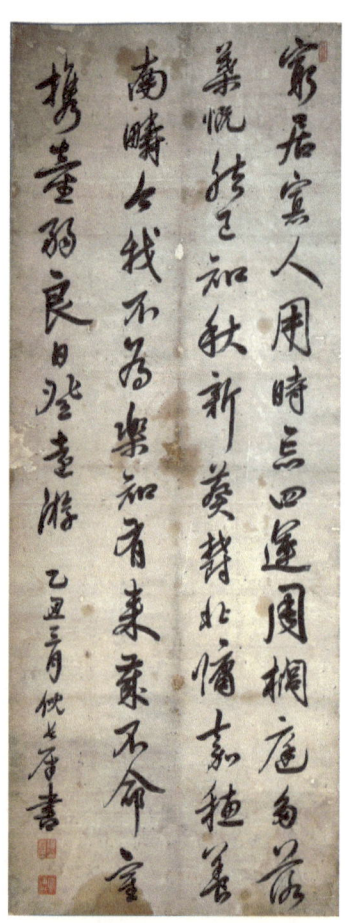

图 9.6 赣榆档案馆藏倪长犀书法作品

(四)普查工作重点、难点

对收藏单位采取先外后内的原则。通过调查,全县共有 6 家国有单位藏有文物,其中 5 家为非文物系统收藏单位。针对这一情况,赣榆县普查办采取先外后内的原则,重点调查这 5 家国有单位,让他们按照普查办的步骤按时完成相关表格的填报、文物信息的采集、数据的上传,对于不合格的数据及时和收藏单位普查员沟通,完善相关文物信息。对于确实有困难的国有单位,县普查办帮助他们采集文物信息并上传到普查平台上。由于 5 家国有单位藏品不多,在 2015 年 6 月已基本填报并上传完毕。

藏品多的单位遵循先易后难的原则。全县藏品较多的收藏单位只有赣榆博物馆,针对馆里的实际情况,遵循先易后难的原则。首先对库房里的文物逐一进行登记,对现有部分不符合登记规范的文物进行了拆分。在数据录入过程中,面对重复的工作内容,克服急躁情绪,有条不紊地开展工作,保证了数据的准确及时录入。审核上报工作开始于 2014 年 12 月,于 2015 年 10 月 20 日结束。在具体工作中,主要是核对数据的准确性和规范性,对漏填的信息进行补充,尤其是命名中存在的信息不完整或信息不准确,在审核中都逐项进行修改,保证了文物数据信息真实、完整、可靠。

(五)可移动文物普查工作的几点体会

人员选配的问题。遴选责任心强、业务水平高的人才充实到普查队伍。普查工作是一个系统工程,需要全体普查人员密切协作、团结一心才能做好。同时注重年龄结构合理搭配,以老带新,锻炼队伍。通过普查学习实现基层文博队伍专业水平的一次"大练兵"。

普查经费问题。将普查经费列入地方财政预算,同时上级要适当对地方予以经费上的支持。《第一次全国可移动文物普查实施方案》中尽管规定了地方要将普查经费列入同级财政预算,但因地方不重视或财政资金紧缺,很多地方并不能做到这一点。如果能从为解决经费事务中解脱出来,一心一意投入普查行动中来,相信普查工作会进行得更加完美。

普查工作要善始善终。普查工作在取得真实、完整的资料后,只是完成了任务的一半。普查的目的不仅仅是为了取得数据,普查的目的不是仅仅为了取得数据,还要实现文物信息资源的整合与合理利用,丰富公共文化服务内容,有效发挥文物在国民经济和社会发展的积极作用。这就要求我们在普查数据出来后，要开发、利用好宝贵的普查信息资源，编辑整理高质量的普查资料。

四、赣榆县第三次全国文物普查

2007年至2010年，按照国务院的统一部署，赣榆县开展了第三次全国文物普查工作，这次普查与第二次全国文物普查相隔20年。以赣榆博物馆专业人员为主的普查小组对全县18个镇进行了文物调查，基本摸清了赣榆全县的不可移动文物资源的状况，为保护和利用文物资源提供了基础数据。

（一）普查过程

普查分为准备、调查登记、数据处理、分析发布四个阶段。2007年9月，赣榆县普查办公室将班庄镇作为文物普查试点镇，经过一个月的努力，圆满完成了试点普查工作，积累了文物普查工作经验，为在全县开展普查工作奠定了基础。2008年7月，赣榆县第三次全国文物普查办公室在塔山镇召开文物普查工作现场会，交流普查心得，分析存在问题，推广先进经验，进一步推动了全县文物普查工作。2009年10月，赣榆县的文物普查工作通过连云港市普查办验收，全县16处不可移动文物被公布为市县级文物保护单位。

（二）普查成果

这次文物普查共登记不可移动文物90处，其中复查47处，新发现43处。2010年6月，城头大河东文化遗址、茅子庵遗址、朱梓墓、百碌泉、刘少奇旧居、土城遗址等6处具有一定科学、历史、艺术价值的不可移动文物被连云港市政府公布为第四批市级文物保护单位。2011年2月，崔家巷古民居、朱爱周烈士墓、许鼎霖治水碑等10处不可移动文物被公布为赣榆县第三批文物保护单位。这些不可移动文物对研究赣榆的历史文化具有重要价值。

（三）实际意义

通过第三次全国文物普查，全面掌握了赣榆县不可移动文物的数量、分布、保存现状等基本情况，为科学制定文物保护政策和规划提供了基础数据。对划定文物保护单位保护范围，完善不可移动文物档案信息资料，提高全县文物保护管理整体水平，培养锻炼文物保护队伍，整合利用文物资源，增强全民文化遗产保护意识，促进经济社会全面、协调、可持续发展具有十分重要的现实意义。赣榆博物馆新馆在此次文物普查期间于 2010 年 10 月建成并对外开放，它为发掘赣榆文化底蕴、提升赣榆文化形象、传承赣榆千年文脉提供了平台。

（四）心得体会

赣榆县第三次全国文物普查通过了上级普查办的验收，取得了显著的文物普查成果，但同时在普查过程中，我们也深刻体会到文物工作中还存在诸多问题，需要在以后的工作中不断改进，问题主要有：一是文物保护工作的经费投入较少，普查经费的投入具有阶段性，建议将文物保护经费纳入财政预算，实现文物保护工作的可持续。文物普查不是为普查而普查，对于普查中发现的文物如何保护利用还需要加强关注。二是人才队伍需要进一步优化，人员的专业水平普遍偏低，急需引进专业人才补充到文物工作队伍之中，改善人才结构。三是加大文物保护力度，针对普查发现的不可移动文物，尽快遴选部分公布为文物保护单位并及时公布保护范围和建设控制地带，需要修缮的古建筑要尽快修缮，零散分布的碑刻要集中保护，使普查成果得以长期保存，为社会所用。

图 9.7　实地调查

五、赣榆的文物保护单位

文物保护单位是指在具有历史、艺术、科学价值的古文化遗址、古墓葬、古建筑、石窟寺和石刻等所在地设立的，用于文物保护工作的单位。文物保护单位为我国对确定纳入保护对象的不可移动文物的统称。文物保护单位是指在具有历史、艺术、科学价值的古文化遗址、古墓葬、古建筑、石窟寺和石刻等所在地设立的，用于文物保护工作的单位。文物保护单位的概念最早是由国务院在1956年发布的《关于在农业生产建设中保护文物的通知》中提出来的，1961被写入《文物保护管理暂行条例》，1982年被写入《中华人民共和国文物保护法》。实践也证明，文物保护单位制度作为文物保护领域的一项基本制度，是符合我国国情的。文物保护单位制度自实施以来，对我国不可移动文物的保护起到了不可替代的作用。

文物保护单位分为三级，即全国重点文物保护单位、省级文物保护单位和市县级文物保护单位。文物保护单位根据其级别分别由中华人民共和国国务院、省级政府、市县级政府划定保护范围，设立文物保护标志及说明，建立记录档案，并分情况分别设置专门机构或者专人负责管理。

《中华人民共和国文物保护法》第十三条规定：国务院文物行政部门在省级、市、县级文物保护单位中，选择具有重大历史、艺术、科学价值的确定为全国重点文物保护单位，或者直接确定为全国重点文物保护单位，报国务院核定公布。省级文物保护单位，由省、自治区、直辖市人民政府核定公布，并报国务院备案。市级和县级文物保护单位，分别由设区的市、自治州和县级人民政府核定公布，并报省、自治区、直辖市人民政府备案。尚未核定公布为文物保护单位的不可移动文物，由县级人民政府文物行政部门予以登记并公布。

作为基层文物工作者，对文物保护单位这一名称在实际工作中也曾遇到过一些质询。行业外的人通常将文物保护单位理解为一个"单位"，这个文保单位既然是个单位就应该有负责人、有一套组织机构、有办公场所等。经过一番解释后人们才理解文物保护单位是个什么概念。经过此事后，我们深刻地感受到文物保护宣传方面的不足，在以后的工作中不仅要加强文物保护，更要借助各种媒介宣传文物保护，让更多的人了解文物。确定为文物保护单位一年后要划定该文物保护单位的保护范围及建设控制地带，通常简称为"两线"，划定后适时予以公布。赣榆的文物保护单位截至目前共公布了6批，区域内的文物保护单位由区政府公布，称为区级文物保护单位。市政府公布了6批文物保护单位，为市级文物保护单位。法规上文物保护单位只有三级即全国重点文物保护单位、省级文物保护单位和市县级文物保护单位，实际上市县级文物保护单位多由相应层级政府分别公布。目前，赣榆有区级以上文物保护单位44处，其中省级文物保护单位3处，市级文物保护单位12处，区级文物保护单位29处，一般不可移动文物51处。

图9.8　省级文物保护单位清墩庙遗址

图9.9　市级文物保护单位文峰塔

图 9.10　区级文物保护单位陈鸿寿治水碑

六、赣榆文物保护单位空间治理的思考

2019年以来，我国正在积极构建国土空间规划体系。中央从国家层面将文物保护专项国土空间规划与生态环境保护专项规划等并列，将文物保护利用、文化遗产保护传承与国土空间开发保护联系起来，实现了从文化文物资源到历史文化保护空间的视角转变。文保单位的空间也是国土空间规划体系建设中提出的一种全新的概念，它是对文保单位"四有档案"进一步的概括和提升。赣榆地区的文保单位空间治理存在的问题与全市乃至全国其他地方文保单位空间问题存在着近似的普遍性的规律。因此研究赣榆文保单位的空间能够总结发现在文保单位空间治理上存在的共性问题，为地方政府提供国土空间规划"一张图"的数据支持。

（一）国土空间体系下的文保单位空间治理的基本目标

清华大学教授武廷海认为，历史文化保护空间是因人类活动而具有特定文化意义的国土空间，以不可移动文物及其环境为核心组成要素。国土空间范畴的历史文化保护空间包括法定历史文化保护空间（文物保护单位保护范围和建设控制地带）、潜在历史文化保护空间、文化资源聚集区与历史文化保护联系空间等。连云港市提出要通过系统的文化资源梳理，找出最能代表连云港的文化元素。深入挖掘连云港的山水关系和历史底蕴，明确城市风貌特色定位和空间形态，塑造特色鲜明的城市景观风貌，构建充满活力的公共空间。针对重要的片区、节点提出风貌控制要求。整理在空间上相对分散的历史文化遗存，通过历史文化线路、绿道等方式进行串联，形成文化体验带。连云港市对国土空间的规划把文化文物资源上升到了城市战略高度，努力打造的是城市的精神纽带，为全市的高质发展提供基础。因此，文保单位作为个体的文化元素，其空间治理在一定程度上决定了文化资源空间规划的质量。

（二）赣榆文物保护单位基本概况

赣榆区在国土空间规划体系过程中要求对赣榆境内的文保单位开展梳理，无论是做过保护规划编制的文保单位，还是没有做过保护规划编制的文保单位，都将其纳入国土空间规划体系之中。随着经济社会的高速发展、城镇化的不断推进，文保单位的空间时常遭到侵蚀、破坏。借助此次国土空间体系规划建设，对全区文保单位做一次系统的专业化的空间体系规划，对有效改善文保单位空间、科学利用文保单位具有积极的意义。

（三）赣榆文物保护单位空间治理存在的主要问题

相关部门及群众认识上的不足造成文物保护单位空间治理存在困难。长期以来，赣榆地处经济发展的洼地，发展经济是最重要的任务。对于文物保护单位空间的问题，一直是文物保护工作要让位于经济建设，由此形成了全区干群对文保单位空间保护认识不足，不重视文物保护的窘境。政府不想投入，群众自然更会不珍惜。当然这一现象也不是赣榆独有的现象，在全国都有一定的代表性。随着近几年合村并组及城市化进程的加快，文保单位不仅空间被忽视，有的甚至惨遭强拆。规划建设部门往往忽视文保单位的存在，全国多地发生文保单位在房地产开发等过程中被破坏的事件。根本原因是有些地方政府对文保单位的价值没有充分认识，没有意识到它们是城市人文底蕴的重要载体。连云港市正在申报国家历史文化名城，在申报过程中我们明显感到全市历史文化载体较为单薄，支撑历史文化名城的文物古迹偏少。

蚕食"两线"搭屋建房挤压文物保护单位空间。很多文保单位都位于乡村，农民建房时由于审批不严，文物保护单位的空间受到蚕食。赣榆的青墩庙遗址、盐仓城遗址等文保单位空间被不断扩大的村庄挤压而萎缩。青墩庙遗址原在村子北部野外，由于紧靠主路，位置较好，保护范围内建起了民房，文保单位的空间被严重挤压。这种现象在全国普遍存在，镇村两级，有些规划并未征求文物部门的意见，即使有规划也很少严格按照规划用地。有些基层干部在农村宅基地审批上乱作为，文保单位在他们眼里都成了村庄发展的"绊脚石"，成为村民改善居住条件、提高生活质量的"拦路虎"。

占据文物保护单位空间从事生产经营活动。建立国土空间规划体系的主要目的之一就是科学合理地使用土地、合理地规划产业布局。占用文物保护单位的空间从事生产经营活动，一方面要符合产业布局，另一方面也要经过文物部门的审批，须在保证文保单位安全情况下合法地经营。赣榆的省保单位青墩庙遗址内就有一家水泥制品厂从事生产经营活动。厂房位于文物保护范围内，所用原材料、制成品占据了文保单位的空间。遗址标志性本体庙台子被制成品掩盖，石子堆放在高台旁边，高度几乎与庙台子高度相当。这就是典型的占据文物保护单位空间从事生产经营活动的现象，好在这种水泥制品厂只是占据地表平缓地带，没有对文保单位本体造成实质性伤害，只要把原材料、制成品搬走，也就让出了文保单位的空间。

文保单位本体周边堆放垃圾、杂物也是普遍存在的现象。有一些文保单位地处农田、市郊，被群众当成废地堆放垃圾、杂物。如赣榆的东河北遗址，属于县级文保单位，位于村庄北部，占地面积约1亩。附近的村民在遗址上栽树、堆放拆下的建筑材料、倒垃圾、开垦菜地，文保单位的空间所剩无几。此类侵占文保单位空间的现象也是具有一定代表性的常见行为。在不破坏遗址的情况下，群众栽树、种菜也未尝不可，而且也不可能将这块地空在那个地方不准许村民从事适宜的生产活动。按照国土空间规划体系的蓝图设计，文保单位的空间是可以利用的，但必须是在满足能够保护文保单位的情况下开展相应的利用，而不是无序的乱用。

文物执法力度较小，文保单位空间治理执法效果欠佳。基层文物执法面临力度不大、效果不理想的窘境。执法部门存在畏难情绪，不敢执法、不想执法。同时也存在执法队伍相互配合的问题，单纯的文物执法的确存在一定难度，往往需要公安、城管等有关部门的联合执法，这样效果更好。执法过程中，经常会遇到执法对象不配合情况，文物部门也没有高效的处置措施，投入的时间长、精力大，执法效果不理想。当然，基层文物执法队伍的业务水平普遍偏低也是一个不可忽视的问题，这也是全国多数文物执法队伍存在的问题。法律专业方面的人才较少，专业素养、文化水平参差不齐，加上基层执法培训较少，个人学习投入时间不多，另外还有机构改革、人员待遇等有关政策性的影响，导致文物部门执法的积极性不高。

（四）赣榆文物保护单位空间治理的主要对策

建立地方主要领导责任制，并纳入年度考核范围，形成区、镇、村三级地方领导负责制，让他们有意识地重视辖区内的文保单位空间治理，从制度上为文保单位的空间治理提供安全保障。在落实制度上要严格把关，对于那些不重视文保单位保护，在落实文保单位空间规划上不作为、乱作为，在工作中相互推诿、阻挠文保单位空间治理等不负责任的地方责任人给予组织处理。文物工作存在诸多问题一方面是因为文物部门处于弱势，缺少话语权，另一方面也与有关干部不重视文保工作、对文物保护认识不足有较大的关系。

有序做好文物保护单位的保护编制规划。文物保护单位有省市县三个级别，对不同级别采取不同的保护规划。国土规划体系明确要求，文保单位单独编制规划，纳入规划体系"一张图"内。文保单位在做专项保护规划编制时需要参照全市国土空间规划体系基本要求，不能违背全市国土空间体系的规范而造成矛盾给管理和利用带来不便。目前，赣榆区文物保护单位保护编制规划已有省级文保单位盐仓城遗址和抗日山烈士陵园两家正在实施，其他文保单位尚未编制保护规划，建议有计划地先将省级文物保护单位做完，再对市保、县保单位分批次做好保护规划编制，以便从总体上保护文保单位的空间。

将文保单位纳入自然资源和规划部门审批"一张图"。赣榆各相关部门信息沟通不畅，协调配合不顺，土地开发利用基本不考虑文物保护的问题。建议全市建立基本建设项目审批网上平台系统，将文物审批权力纳入其中，提高文物部门在项目审批过程中的话语权。多年来连云港市在对土地使用项目进行审批出让前均没有文物部门的参与，很少征求文物部门的意见，发现地下埋藏物后仓促清理，给文物保护工作造成了不利局面。近几年，随着中央的重视和考古前置工作的推进，文物保护正朝着规范化方向迈进。

加大对文物保护工作的财政投入。文物是精神文明的重要组成部分，相对来说并不是人们的必需品，它不能解决人们的吃饭、穿衣等生活之需，反而需要不断投入却又不能直接带来经济效益。但文物资源是地方文脉的物质载体，也是习近平总书记提出的"文化自信"的载体之一。赣榆经济落后，财政困难，加大对文物保护工作的财政投入也面临诸多局限，但文物资源是国家民族的资源，投入资金加强保护是政府义不容辞的责任和担当，而且有的文保单位本身就是旅游景点，能够直接带动地方经济发展和群众的就业。文保单位是地方文化特色的代表，也是吸引人们眼球的亮点，越是舍不得投入，文物资源消失得越快，地方也就越缺乏自身特色。

加强文物执法力度，打击破坏文保单位空间的行为。加强文保单位的执法巡查，发现侵占文保单位空间的违法行为及时立案处理。一方面加强文物保护法律法规的宣传，通过各种媒体、多种形式的宣传，让干部、群众了解文物及文物保护法律法规，提高他们对文物的认识，促使其自觉参与文保单位的空间保护；另一方面建立文保信息员体系，聘用有一定文化、有较多时间又热爱文物的村民或退休教师，经常巡视文保单位安全情况，发现问题及时通知文物主管部门前去处置，提高执法的效率，有效保护好文保单位的空间。

文物资源是不可再生资源，一旦失去就永远不会再生。近年来全国各地在城市建设，旧城改造、拆迁过程中不同程度地造成了一些文物资源被破坏、拆除的事故，在社会上造成了恶劣影响。建立国土空间规划体系最主要的目的是科学合理使用土地，规避在开发建设过程中对文保单位的破坏。文保单位的空间既包括它的物理空间，也应包括它的人文空间，这是我们在国土空间规划体系中也需要考虑的一个注意事项。随着赣榆区城镇化进程快速推进，社会发展与文物保护的矛盾可能会更加突出。这样的感受已经在连云港市申报国家历史文化名城过程中深有体会。文保单位的空间治理需要各部门相互配合，而做好治理工作也需要全社会共同努力。

七、赣榆考古前置现状与展望

考古前置是考古工作在基本建设时介入时机的一种表述，即在工程建设的什么时间段开展文物考古工作，是在工程立项规划阶段介入，还是在开工前介入，或者是在施工过程中发现地下文物时才介入？现行《中华人民共和国文物保护法》要求，进行大型基本建设工程前，要在工程范围内有可能埋藏文物的地方进行考古调查、勘探，需要配合建设工程进行考古发掘工作的应当报国务院文物行政部门批准,所需费用由建设单位列入建设工程预算。2018年中办、国办印发了《关于加强文物保护利用改革的若干意见》,明确要求"完善基本建设考古制度,地方政府在土地储备时,对于可能存在文物遗存的土地,在依法完成考古调查、勘探、发掘前不得入库"。

2020年,习近平总书记在十九届中央政治局第二十三次集体学习时提出要制定"先考古、后出让"的制度。早在2017年,《江苏省文物保护条例》第二十条就对使用土地是否考古调查、勘探做了明确规定。需要履行考古前置用地范围主要包括:地下文物埋藏区内的建设工程;地下文物埋藏区以外占地面积5万平方米以上的建设工程;其他可能涉及地下文物的区域。实施考古前置的意义在于使文物保护由被动跟进转变为提前主动完成,从源头保障了文物安全,同时也是优化地方营商环境的重要举措。2020年,连云港市制定出台《连云港市地下文物保护办法》并于7月1日实施。该办法是除《南京市地下文物保护条例》外,江苏省出台的第二个地方性文物保护法规。

赣榆积极落实相关的法律法规,考古前置工作走在全市县区前列。赣榆区文物局主动与自然资源局等部门对接建立畅通的沟通渠道,及时掌握土地出让划拨收储情况,广泛宣传考古前置相关政策法规。考古前置工作推进迅速。2022年已有四家用地单位申请考古勘探,考古前置工作逐步走向正轨,这一举措对保护赣榆地下文物有着重要的意义。相信在未来会有更多的用地项目申请考古勘探,当然在实际实施过程中,我们也遇到诸如项目方工期紧张、双方配合不好等问题,相信只要协调到位都不会成为推进考古前置的障碍。

在实施考古前置工作的过程中,各地的做法不尽相同。连云港地区在实施考古前置过程中暴露出的一些问题值得关注:一是考古前置申报信息的掌握问题。考古前置包括考古调查、

图9.11 赣榆选青中小学地块考古勘探

勘探和省级开发园区文物资源区域评估两个内容。申报单位通过省级行政审批平台或直接向省文物局报送评估材料，前期的申报信息县区级文物部门不能及时了解，主要依据省文物局的批复来了解区域内申报单位的数量，时常造成对县区级文物部门工作不力的误解。二是县区级文物部门的定位问题。目前，连云港市县区级文物部门不直接参与具体地块的考古勘探和文物资源评估工作。具体任务由市考古所承担，县区级文物部门在考古前置中的角色是前期提供业务咨询、后期协调实施过程中出现的问题，存在权责关系不清的问题。三是费用分配的问题。考古前置是一种有偿服务，任务承担单位按标准收取服务对象一定费用，但县区级文物部门并没有从中分配到相关经费，这不利于调动地方文物部门的积极性。县区级文保经费长期短缺，若能在考古前置中改善经费困难的窘境，想必文物保护工作将会有更大的发展。

附 录

附表一　赣榆博物馆三级以上文物一览表（部分）

序号	名称	年代	质地	文物等级
1	汉仪仗	汉	木铜金	一级
2	汉四系陶罐	汉	陶	二级
3	汉玉剑饰	汉	玉	二级
4	汉朐臣鼎	汉	铜	二级
5	汉"西巫旦"铜盆	汉	铜	二级
6	汉豆形铜灯	汉	铜	二级
7	宋银锭	宋	银	二级
8	"山东青口盐场管理处"徽章	汉	铜	二级
9	战国云雷纹小铜鼎	周	铜	三级
10	汉大釉陶壶	汉	陶	三级
11	蟠螭型席镇	汉	铜	三级
12	汉漆盒	汉	有机质	三级
13	汉博山炉钮镜	汉	铜	三级
14	汉鱼水纹铜盆	汉	铜	三级
15	汉铜鋗	汉	铜	三级
16	汉双环铜壶	汉	铜	三级
17	汉代弦纹大铜盆	汉	铜	三级

(续表)

序号	名称	年代	质地	文物等级
18	明石佛	明	石	三级
19	清康熙圣旨	清	丝	三级
20	清陈鸿寿字联	清	纸	三级
21	清孔子坐像木雕	清	木	三级
22	清青花神人物故事瓷蒜头瓶	清	瓷	三级
23	姚士璋篆联	近现代	纸	三级
24	许印林字	近现代	纸	三级
25	石砚台	近现代	石	三级
26	115师第一次党代会奖章	近现代	银	三级

附表二　赣榆区文物保护单位一览表

序号	名称	年代	位置	文保单位等级
1	青墩庙遗址	新石器时代	城头镇	省级
2	盐仓城遗址	新石器时代	海头镇	省级
3	抗日山烈士陵园	近现代	班庄镇	省级
4	茅子庵遗址	新石器时代	城头镇	市级
5	大河东遗址	新石器时代	城头镇	市级
6	徐福祠遗址	汉	金山镇	市级
7	土城遗址	汉	塔山镇	市级
8	齐鲁会盟遗址	明	班庄镇	市级
9	朱梓墓	明	沙河镇	市级
10	孙桥村石桥	明清	赣马镇	市级
11	文峰塔	清	赣马镇	市级
12	百碌泉	清	沙河镇	市级

(续表)

序号	名称	年代	位置	文保单位等级
13	门楼河东桥	清	城头镇	市级
14	刘少奇旧居	近现代	黑林镇	市级
15	崔家巷古民居	清	青口镇	市级
16	洪福寺碑	元明清	班庄镇	市级
17	朱爱周烈士墓	近现代	墩尚镇	市级
18	红领巾水库	近现代	班庄镇	市级
19	后大堂遗址	新石器时代	赣马镇	县区级
20	茅墩圈遗址	新石器时代	班庄镇	县区级
21	盐仓城城外墓地	汉	石桥镇	县区级
22	古城遗址	汉	班庄镇	县区级
23	夏庄汉墓	汉	金山镇	县区级
24	西刘夫古柘树	唐	城头镇	县区级
25	"福德生气"石刻	元	赣马镇	县区级
26	大道口银杏树	明	墩尚镇	县区级
27	汪子头银杏树	明	黑林镇	县区级
28	城前银杏树	明	塔山镇	县区级
29	马厂古槐树	明	赣马镇	县区级
30	大吴山寺庙遗址	明清	黑林镇	县区级
31	陈鸿寿治水碑	清	墩尚镇	县区级
32	城里碑廊	清	赣马镇	县区级
33	李氏迁赣始祖墓碑	清	赣马镇	县区级
34	"海上蟠龙"碑	清	海头镇	县区级
35	"单公选故里"刻石	清	黑林镇	县区级
36	许鼎霖纪念碑	清	青口镇	县区级

(续表)

序号	名称	年代	位置	文保单位等级
37	许鼎霖治水碑	清	宋庄镇	县区级
38	青口镇十八勇士战斗纪念地	近现代	青口镇	县区级
39	小沙东海战登陆纪念地	近现代	石桥镇	县区级
40	"民族英雄"碑	近现代	石桥镇	县区级
41	小芦山翻水站	近现代	黑林镇	县区级
42	大吴山战斗纪念地	近现代	黑林镇	县区级
43	符竹庭殉难纪念地	近现代	黑林镇	县区级
44	张涛烈士墓碑	近现代	墩尚镇	县区级

附表三　赣榆区一般不可移动文物名录一览表

序号	名称	类别	年代	地址
1	葫芦山遗址	古遗址	旧石器时代	班庄镇于岭村葫芦山
2	苏青墩遗址	古遗址	新石器时代	城头镇苏青墩村
3	河口石祖	石刻	新石器时代	墩尚镇河口村
4	大台子遗址	古遗址	新石器时代	海头镇马台村
5	大新庄遗址	古遗址	西周	柘汪镇大新庄村
6	河西墩遗址	古遗址	西周	黑林镇河西村
7	纪鄣城遗址	古遗址	西周	柘汪镇东林子村东黄海海域
8	莒城遗址	古遗址	西周	塔山镇小莒城村
9	刘庄遗址	古遗址	西周	赣马镇刘庄村
10	端木书台遗址	古遗址	春秋	塔山镇塔山水库南岸
11	荻水口遗址	古遗址	秦	柘汪镇大王坊村
12	寺后汉墓群	古墓葬	汉	城西镇寺后村
13	大王庙遗址	古遗址	汉	墩尚镇武强山村

附 录

(续表)

序号	名称	类别	年代	地址
14	大温庄汉墓群	古墓葬	汉	石桥镇大温庄村
15	庄留汉墓	古墓葬	汉	塔山镇庄留村
16	三里墩汉墓群	古墓葬	汉	城头镇三里墩村
17	双墩汉墓	古墓葬	汉	厉庄镇顾赤涧村
18	圈洪爽汉墓	古墓葬	汉	班庄镇圈洪爽村
19	董沟汉墓	古墓葬	汉	金山镇董沟村
20	单集汉墓	古墓葬	汉	城西镇单集村
21	西林子石羊	石刻	汉	柘汪镇西林子村
22	石拉沟遗址	古遗址	汉	班庄镇古城村
23	仲庄汉墓	古墓葬	汉	赣马镇仲庄村
24	城子遗址	古遗址	南北朝	黑林镇河西村
25	大沙村遗址	古遗址	唐	墩尚镇大沙村
26	三城子遗址	古遗址	唐	青口镇三城子村
27	西上堰唐墓	古墓葬	唐	赣马镇西上堰村
28	单公选女儿墓	古墓葬	南宋	黑林镇单店村
29	姚氏迁赣碑	石刻	明	欢墩镇姚朱范村
30	铜佛窖藏点	古遗址	明	墩尚镇墩一村
31	旌表节孝碑	石刻	清	沙河镇大高村
32	旌表烈节碑	石刻	清	宋庄镇三洋港村
33	太山并同石刻	石刻	清	欢墩镇孙净埠村
34	杨岭古井	古建筑	清	厉庄镇杨岭村
35	张王庄石祖	石刻	清	墩尚镇张王庄村
36	义塚碑	石刻	清	赣马镇西关村
37	天齐庙遗址	古遗址	清	城头镇兴河村

(续表)

序号	名称	类别	年代	地址
38	节孝碑	石刻	清	柘汪镇韦岭村
39	金山碑刻群	石刻	清	金山镇石堰村
40	匡林土地庙门阙	古建筑	清	赣马镇匡林村
41	万氏地界碑	石刻	清	青口镇丁庄社区
42	前宫石狮	石刻	清	青口镇政府门口
43	卢氏记事碑	石刻	清	沙河镇小站村
44	樊葛埠石碑	石刻	清	塔山镇樊葛埠村
45	苦节坚贞碑	石刻	民国	城西镇曲坊村
46	孝思不匮碑	石刻	民国	海头镇垤上村
47	大新庄碉堡	近现代重要史迹及代表性建筑	现代	柘汪镇大新庄村
48	三里墩碉堡	近现代重要史迹及代表性建筑	现代	城头镇三里墩村
49	三庙碉堡	近现代重要史迹及代表性建筑	现代	城头镇三庙村
50	旺河头碉堡	近现代重要史迹及代表性建筑	现代	城头镇旺河头村
51	秦山岛原驻军标语	近现代重要史迹及代表性建筑	现代	秦山岛防空洞上方

参考文献

[1] 袁颖.江苏赣榆新石器时代至汉代遗址和墓葬[J].考古,1962(3):129-131.

[2] 南京博物院,徐州博物馆,连云港市文物保护研究所.江苏徐海地区汉代城址调查简报[J].东南文化,2014(5):50-56.

[3] 郝海洋,朱乐心.万年遗宝[M].香港:天马出版有限公司,2007.

[4] 赣榆县县志编纂委员会.赣榆县志[M].北京:中华书局,1997.

[5] 邹厚本.江苏考古五十年[M].南京:南京出版社,2000.

[6] 顾维玮,朱诚.苏北地区新石器时代考古遗址分布特征及其与环境演变关系的研究[J].地理科学,2005,25(2):239-243.

[7] 陆志红.先秦两汉席镇研究[J].考古学集刊,2013(19):212-255,457-464.

[8] 曹栋洋.考古所见先秦两汉的"镇"[J].武汉文博,2010(3):30-36.

[9] 程晓伟.汉代嵌贝鹿形席镇[J].文物春秋,2017(1):56-60.

[10] 孙机.汉镇艺术[J].文物,1983(6):69-72.

[11] 洪石.战国秦汉漆器研究[M].北京:文物出版社,2006.

[12] 刘芳芳.战国秦汉妆奁研究[D].南京:南京大学,2011.

[13] 李如森.战国秦汉漆器综述[J].史学集刊,1987(4):72-75.

[14] 蔺静,王雁.论临淄古墓群的保护与开发[J].管子学刊,2014(1):93-96.

[15] 李洪蒲.连云港地区农业考古概述[J].农业考古,1985(2):96-107.

[16] 刘磐修.汉代苏北农业探析[J].中国农史,2006(1):23-31.

[17] 刘兴林.汉代农业考古的发现和研究[J].兰州大学学报(社会科学版),2005(2):11-19.

[18] 朱绍侯,张海鹏,齐涛.中国古代史[M].福州:福建人民出版社,2005.

[19] 祁伟成.中国古代建筑传统修缮技术的发展的方案[J].科学之友,2011(7):139-140.

[20] 赵斌.谈古建筑文物的保护与修缮工作[J].东方收藏,2021(5):95-96.

[21] 翟艳燕.基于古建筑的保护及修缮分析[J].居舍,2020(13):15.

[22] 王静.基于古建筑的保护及修缮方法探究[J].工程建设与设计,2021(6):25-27.

[23] 戴雨林.浅谈瓦当纹饰的演变[J].洛阳大学学报,2003,18(3):14-16.

[24] 刘振东,张建锋.西汉砖瓦初步研究[J].考古学报,2007(3):339-358.

[25] 李彦雄.浅说砖瓦文字、纹饰的摹刻[J].江苏陶瓷,2018(4):50-51.

[26] 吕斌.南锣鼓巷地区的空间格局与历史文化价值[J].北京规划建设,2013(1):98-103.

[27] 洪石.战国秦汉漆器研究[M].北京:文物出版社,2006.

[28] 刘雷.汉代苏北经济研究[D].扬州:扬州大学,2011.

[29] 尤振尧,黎忠义.江苏连云港市海州网疃庄汉木椁墓[J].考古,1963(6):287-290.

[30] 纪达凯,刘劲松.江苏东海县尹湾汉墓群发掘简报[J].文物,1996(8):4-25.

后 记

  时光总是在不知不觉中飞快流逝，转眼间我从事文博工作已 10 年有余了，其间有幸参加了几次考古发掘和勘探，给自己平凡的文博工作增添了几分色彩。记得曾有同行遗憾地感叹，自己从事一辈子文博工作也没遇到一次参加考古工作的机会。的确，对基层文博工作者来说，直接参与考古发掘工作的机会少之又少。大多数人对考古的印象是"神秘"，感觉考古就是挖宝，会碰到古人留下的金银财宝。没有参加考古之前，我也和大多数人有类似的想法，但真正参加了考古之后，觉得考古工作真是太辛苦了。冬天寒风刺骨，夏天蚊虫叮咬，还有难闻的让人作呕的气味，一点也没有所谓挖宝的快乐。亲身参与考古也让我对考古有了新的认识：考古是一项非常严谨细致而又辛劳的工作。

  我全程参与本书提及的考古发掘和考古调查。这些工作结束之后自己总是感觉似乎有什么事情还没有做完，因而产生有必要写点东西的想法。于是决定汇总整理一下手头现有的资料，在冥思苦想之后定了个"考古赣榆"的书名。本书所涉内容以考古发掘为主，同时吸纳了近年来赣榆在文物修复与保护方面的成果以及两次全国文物普查情况的介绍。在本书的编写过程中，赣榆博物馆的徐军、万生两位馆长提供了部分宝贵资料，连云港市博物馆的朱良赛也给予了资料上的支持，在这里对他们表示诚挚的感谢。同时还要感谢家人对我工作的理解和支持，给我提供了良好的写作环境。由于本人学识、水平和能力有限，书中必定会有一些不妥之处，敬请各位专家、读者批评指正。